THE TIMES

CODEWORD

Book 13

THE TIMES

CODEWORD

Book 13

200 challenging logic puzzles from The Times

Published in 2022 by Times Books

HarperCollins Publishers
Westerhill Road, Bishopbriggs, Glasgow G64 2QT

HarperCollins*Publishers*
Macken House, 39/40 Mayor Street Upper Dublin 1, D01 C9W8, Ireland

www.harpercollins.co.uk

10 9 8 7 6 5 4 3 2

ISBN 9780008472740

Layout by Puzzler Media

Printed and bound in the UK using 100% Renewable Electricity at CPI Group (UK) Ltd

A catalogue record for this book is available from the British Library.

If you would like to comment on any aspect of this book, please contact us at the above address or online.
E-mail: puzzles@harpercollins.co.uk

This book is produced from independently certified FSC™ paper to ensure responsible forest management.

For more information visit: www.harpercollins.co.uk/green

Contents

Introduction

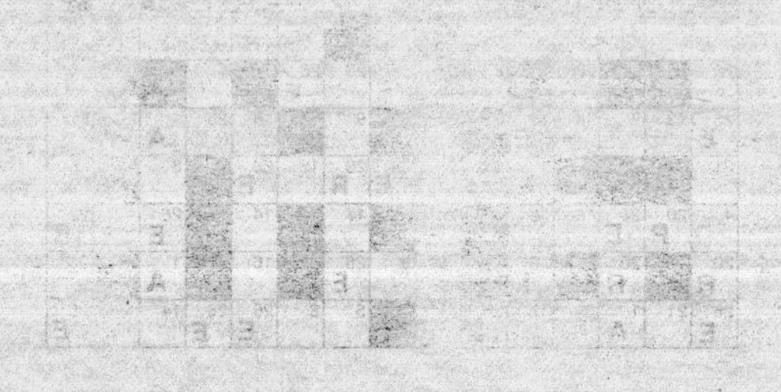

Introduction

A Codeword, also called Codecracker, Codebreaker and Cross Reference, is a completed crossword grid in which each letter of the alphabet has been substituted for a number from 1 to 26. There will be at least one occurrence of each letter of the alphabet, and the same number will represent the letter wherever it appears in the grid.

A standard Codeword usually gives one, two or three decoded starter letters. Your task is to use these letters to work out the identity of other letters so you can fill in the words in the grid.

To help you keep track, as you find a letter, slot it into the crossword grid and cross it off the alphabetical list. For an added challenge, beneath some of the puzzles are mystery grids. When you have solved the Codeword, simply transfer the appropriate letters into the grid to reveal a word.

Fig. 1

In Fig. 1, 1=A, 20=R and 26=E. The two words indicated by the arrows show where a start may be made by determining the letters represented by the numbers 14 and 15. The only possible combination is that 14=D and 15=N, so these letters are entered onto the grid wherever the numbers 14 and 15 occur, as in Fig. 2.

Fig. 2

By cross-referencing in this way, it's possible to gradually uncover more letters until the solution is reached.

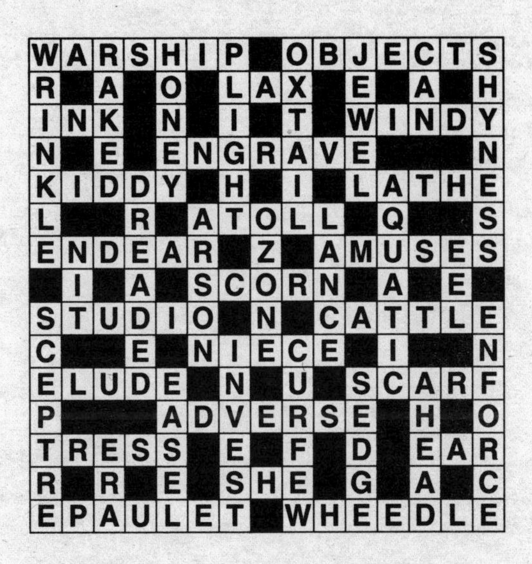

Fig. 3

The starter letters will be chosen carefully to provide a way into the puzzle without giving away too much information; don't expect all to be letters that have a high frequency in the puzzle, as in this example. As you progress through the book you will see that there are fewer starter letters as the puzzles get harder.

Enjoy!

Puzzles

Easy Codewords

1

12	4	20	5	20	12		23	18	13	11	4	2
	14		17		23		25		10		8	
12	10	25	21	13	5	20 N	2		23	18	8	4
	18		5		1 M		4		4		4	
5	22	21	12		16	25	25	2	16	25	23	1
	18		18		5 A						9	
13	12	25	3	11	26		2	25	16	20	4	2
	18						18		25		13	
15	25	21	23	20	5	6	13		23	18	3	10
	20		5		23		7		11		4	
12	18	20	26		4	17	21	5	12	18	20	7
	13		25		20		13		25		3	
13	12	5	20	24	5		12	18	19	19	4	2

~~A~~ B C D E F G H I J K L ~~M~~ ~~N~~ O P Q R S T U V W X Y Z

1	2	3	4	5	6	7	8	9	10	11	12	13
M				A								
14	**15**	**16**	**17**	**18**	**19**	**20**	**21**	**22**	**23**	**24**	**25**	**26**
						N						

Easy

13	25	11	12	11	4	13		14	20	25	9	25
4		18 R		20		20	15	9		21		13
3 S	12	25	5	20	15	3		25	9	6	13	6
19 E		10		9		3	6	17		25		5
3	8	6	1		22			20	25	18		6
		2	6	11	6	7	19	1		16	19	1
2			9		13		25		26			10
12	25	3		5	19	13	11	20	18	3		
25		9	19	19			3		16	19	9	9
1		6		18	4	24		4		23		6
2	25	2	11	6		4	1	3	11	4	2	14
19		19		5	20	10		19		19		19
3	6	5	9	19		3	2	18	20	9	9	3

A B C D ~~E~~ F G H I J K L M N O P Q ~~R~~ ~~S~~ T U V W X Y Z

1	2	3	4	5	6	7	8	9	10	11	12	13
		S										
14	15	16	17	18	19	20	21	22	23	24	25	26
				R	E							

3

20	18	8	16	20		5	2	3	22	24	18	13
16		18		16		25		18		10 I		24
17	24	18	13	2	9	17		24 L	18	15 T	15	18
10		24		24				25				17
13	7	18	23	15	26	17		6	16	6	18	17
9		13				16		9		18		21
	4	10	3	15	25	7	16	17	1	25	16	
19		17		2		14				17		4
18	4	15	10	3		16	12	3	10	15	16	17
10				15				2		2		2
17	26	16	24	11		3	21	9	10	3	2	24
15		6		25		7		18		26		6
17	1	25	2	24	24	21		16	14	16	9	17

A B C D E F G H ~~I~~ J K ~~L~~ M N O P Q R S ~~T~~ U V W X Y Z

1	2	3	4	5	6	7	8	9	10 I	11	12	13
14	15 T	16	17	18	19	20	21	22	23	24 L	25	26

21	10	2	18	22	2	10	■	3	5	8	19	24
■	7	■	21	■	17	■	26	■	8	■	8	■
3	25	8	25	10	3	23	8	24	22	17	12	10
■	21	■	20	■	25	■	6	■	■	■	17	■
3	8	15	18	25	8	26	10	■	3	17	24	12
■	3	■	16	■	■	■	15	■	22	■	26	■
■	■	5	18	21	25	9	18	22	17	18	■	■
■	14	■	7	■	17	■	■	■	25	■	8	■
4	13	21	11	■	23	18	18	21	20	10	24	3
■	10	■	■	■	10	■	13	■	10	■	24	■
8	13	25	20	18	21	17	25	8	21	17	8	24
■	10	■	18 O	■	3	■	16	■	10	■	22	■
8	16	18	5 P	25 T	■	1	18	22	16	10	3	25

A B C D E F G H I J K L M N ~~O~~ ~~P~~ Q R S ~~T~~ U V W X Y Z

1	2	3	4	5	6	7	8	9	10	11	12	13
				P								
14	**15**	**16**	**17**	**18**	**19**	**20**	**21**	**22**	**23**	**24**	**25**	**26**
				O							T	

5

16		11		20 M		26		10		9		19
26	20	26	14	1		18	21	5	1	1	14	1
15		15		24		17		2		1		1
4	25	15 R	2	5 U	26	16		20	1	15	25	2
26		17				5		10				16
1	3	11	16	26	25	20	1	13		22	25	1
		10		18				1		15		
26	7	2		18	21	5	26	13	15	10	24	18
4				1		24				16		25
1	3	26	20	18		8	15	25	2	25	24	23
24		11		18		25		10		7		12
5	24	12	10	10	6	18		2	8	25	18	2
1		1		15		1		26		11		18

A B C D E F G H I J K L ~~M~~ N O P Q ~~R~~ S T ~~U~~ V W X Y Z

1	2	3	4	5	6	7	8	9	10	11	12	13
				U								
14	15	16	17	18	19	20	21	22	23	24	25	26
	R					M						

Easy

6

■	10	7	25	8	1	23	2	■	21	2	7	3
21	■	5	■	12	■	7 A	■	13	■	14	■	7
5	11	9	9	23 P	16	26 D	■	12	9	8	12	2
9	■	6	■	3	■	26	■	22	■	7	■	11
2	5	16	26	16	■	16	26	13	18	15	16	■
9	■	■	■	17	■	26	■	2	■	9	■	16
1	9	2	14	8	16	■	20	13	21	3	13	20
16	■	6	■	26	■	8	■	18	■	■	■	2
■	15	24	3	13	20	2	■	13	12	23	8	21
5	■	15	■	20	■	16	■	15	■	24	■	7
7	26	7	10	16	■	4	9	13	18	15	16	2
19	■	3	■	26	■	8	■	21	■	9	■	24
24	7	6	2	■	4	15	7	24	13	12	10	■

A B C D E F G H I J K L M N O P Q R S T U V W X Y Z

1	2	3	4	5	6	7	8	9	10	11	12	13
						A						

14	15	16	17	18	19	20	21	22	23	24	25	26
									P			D

7

When you have cracked the code and completed the grid, fill in the boxes at the bottom to reveal an French city.

	12	17	1	6	17		21	14	1	22	4 P	
12		22		21				1		9		7
10	1	16	13	22	16		11	21	5	25	22	8
8		16		11		2		12		22		18
22	6	21	15	3	18	1	12	16 T	22	25	8	26
20		6		25		16		22		21		12
			5	10 O	8	8	9	10	4			
12		24		1		18		6		23		9
4	5	10	11	5	21	12	12	22	19	21	8	26
18		16		3		12		6		6		5
12	22	16	2	10	9		1	11	8	22	21	5
9		21		10				8		16		3
	11	5	18	20	21		9	26	16	3	12	

A B C D E F G H I J K L M N Ø P̸ Q R S T̸ U V W X Y Z

1	2	3	4	5	6	7	8	9	10	11	12	13
			P						O			
14	15	16	17	18	19	20	21	22	23	24	25	26
		T										

9	18	5	12	21	22	8	8	21

	16		4		21		12		16		25	
22	8	5	21	23	3		14	11	6	2	14	6
	11		1		1	11	21		15		4	
9	1	1	19		9		11		20	23	23	17
	22			9	24	8	15	19			22	
13	9	18	14	18		24		22	14	15	9	10
		14		18	14	22 L	19	14		23		
2	23	3	19	9		9		26	8	15	25	20
	21			24	8 I	19 S	13	19			3	
19	15	23	2		16		11		17	22	14	1
	17		14		26	3	23		21		7	
17	8	15	17	21	22		2	23	3	13	9	24
	15		15		6		11		6		19	

A B C D E F G H I J K L M N O P Q R S T U V W X Y Z

1	2	3	4	5	6	7	8	9	10	11	12	13
							I					
14	15	16	17	18	19	20	21	22	23	24	25	26
					S			L				

9

14	22	8	18	21	6	21	■	12	13	18	3	21
■	10	■	7	■	13	■	21	■	10	■	26	■
18	7	14	22	23	10	7	6	18	26	20	18	21
■	24	■	10	■	19	■	26	■	■	■	1	■
26	10	15	26	24	10	23	10	■	19	20	1	21
■	26	■	6	■	■	■	14	■	20	■	16	■
■	■	25	20	12	9	21	19	24	6	13	■	■
■	13	■	7	■	7	■	■	■	20	■	19	■
2	20	7	10	■	14	5	18	14	26	24	18	19
■	14	■	■	■	23	■	7	■	17	■	21	■
10	11	15	20 O	7 N	10	7	6	24	14	25	25	16
■	10	■	24	■	21	■	24	■	16	■	24	■
4	26	24	25 L	25	■	12	25	20	21	24	7	3

A B C D E F G H I J K ~~L~~ M ~~N~~ ~~O~~ P Q R S T U V W X Y Z

1	2	3	4	5	6	7	8	9	10	11	12	13
						N						
14	**15**	**16**	**17**	**18**	**19**	**20**	**21**	**22**	**23**	**24**	**25**	**26**
						O					L	

Easy

14	26	8	7		13	15	10	10 C	15 U	20	7	13
	3		2		23		4		18 T		5	
13	18	8	4	23	9		7	4	18	19	26	1
	25		9		26		4		26			
18	8	26	16		22	4	8	1	8	25	7	26
	18		26				26				15	
1	23	13	18	23	9	10	18	23	14	26	2	5
	25				25				4		2	
23	9	6	15	26	13	18	13		2	4	1	13
			9		18		4		15		25	
12	15	23	10	26	8		11	8	23	24	24	5
	13		15		23		26		9		26	
8	26	17	18	23	2	26	13		21	15	8	15

A B C D E F G H I J K L M N O P Q R S T U V W X Y Z

1	2	3	4	5	6	7	8	9	10	11	12	13
									C			
14	**15**	**16**	**17**	**18**	**19**	**20**	**21**	**22**	**23**	**24**	**25**	**26**
	U			T								

■	26	19	22	11	17	19	■	14	13	10	15	■
13	■	9	■	19	■	26	■	13	■	8	■	10
10	9	20	13	18	■	18	3	23	17	3	3	26
10	■	19	■	3	■	20	■	11	■	3	■	13
20	12	17	3	3	11	10	■	20	12	12	7	17
7	■	13	■	■	■	15	■	17	■	■	■	1
■	18	19	22	4	3	■	18	7	7	14	21	■
19	■	■	■	19	■	19	■	■	■	7	■	2
18	20	10	18	21	■	5	19	2	7	11	11	7
3	■	19	■	16	■	7	■	3	■	8	■	18
25	13	24	24	19	13	22	■	3	11	15	7	17
7	■	10	■	24	■	6 D	■	26	■	7	■	19
■	6	19	17	1	■	19 A	10 S	10	13	10	11	■

A̸ B C D̸ E F G H I J K L M N O P Q R S̸ T U V W X Y Z

1	2	3	4	5	6	7	8	9	10	11	12	13
					D				S			
14	15	16	17	18	19	20	21	22	23	24	25	26
					A							

12

25	14	24	20	22	6	■	7	6	22	24	7	20
7	■	■	7	■	22	■	14	■	6	■	■	17
6	■	12	14	9	2	19	22	7	10	23	■	10
22	8	6	1	■	8	■	14	■	1	10	16	24
18	■	21	■	1 P	4	20	19	20	■	7	■	15
20	14	4	21	4	■	4	■	1	10	7	7	20
■	■	7	■	24	16	1	7	4	■	15	■	■
7	24	19	4 E	8	■	14	■	12	6	6	18	20
6	■	14	■	7 L	4	24	20	19	■	3	■	10
13	6	4	20	■	12	■	24	■	23	4	4	25
4	■	20	10	23	26	4	22	19	4	15	■	25
20	■	■	16	■	6	■	18	■	4	■	■	14
19	6	24	20	19	5	■	20	5	12	19	24	11

A B C D E F G H I J K L M N O P Q R S T U V W X Y Z

1	2	3	4	5	6	7	8	9	10	11	12	13
P			E			L						

14	15	16	17	18	19	20	21	22	23	24	25	26

13

■	7	13	9	25	19	8	13	24	1	25	1	■
18	■	26	■	20	■	26	■	13	■	4	■	2 C
24	13	1	23	18	13	2	4	23	6	23 I	4	11
21	■	■	■	26	■	18	■	26	■	10	■	2
23	26	4	25	19	25	24	7	■	16	8	24 R	20
4	■	23	■	13	■	15	■	1	■	25	■	25
■	25	5	12	4	11	■	14	25	4	4	11	■
2	■	25	■	25	■	22	■	9	■	4	■	12
20	23	12	7	■	2	23	4	23	3	25	26	7
18	■	23	■	13	■	5	■	2	■	■	■	13
8	26	25	17	2	25	12	4	23	18	26	13	20
1	■	2	■	25	■	20	■	4	■	8	■	5
■	24	25	13	7	7	25	7	7	23	26	19	■

A B ~~C~~ D E F G H ~~I~~ J K L M N O P Q ~~R~~ S T U V W X Y Z

1	2	3	4	5	6	7	8	9	10	11	12	13
	C											
14	**15**	**16**	**17**	**18**	**19**	**20**	**21**	**22**	**23**	**24**	**25**	**26**
									I	R		

Easy

14

When you have cracked the code and completed the grid, fill in the boxes at the bottom to reveal something you read.

8	22	24	11	4		22	11	26	4	10	23	26
24		13		12		5		11		7		24
8	11	22	7	10	19	17		9	5	7	17	24
11		23		19				5				26
14	10	19	19	23	2	8		7 L	24	24	20	12
24		24				26		11		18		24
	11	19	26	10	15	5	11	4	10	11	19	
23		26		19		14				7		19
23	5	8	26	8		22	24	4	21	5	4	6
1				10				23		11		14
10	4	23	19	8		4	23	23	16	26	23 O	22
19		2		26		23		8		24		12
17	5	24	8	8	24	25		26 T	5	8	3	8

A B C D E F G H I J K ~~L~~ M N ~~O~~ P Q R S ~~T~~ U V W X Y Z

1	2	3	4	5	6	7 L	8	9	10	11	12	13
14	15	16	17	18	19	20	21	22	23 O	24	25	26 T

19	24	2	8	22	11	22	24	4

15

■	7	11	15	11	18	25	22	■	23	12	21	7
23	■	18	■	10	■	11	■	14	■	14	■	14
12	23	11	25	2	22	19	■	26	11	10	22	25
14	■	14	■	5	■	6	■	2	■	23	■	25
25	11	15	11	7	■	2	20	20	23	10	18	■
11	■	■	■	20	■	18	■	13	■	8	■	20
19	7	23	7	11	16	■	12	2	24	23	20	2
17	■	7	■	16	■	16	■	10	■	■	■	26
■	23	7	7	23	16	17	■	2	5	21	18	2
23	■	23	■	12	■	2	■	20	■	10	■	10
4	14	16	23	25	■	1	21 U	14	7 T	11	10	13
23	■	9	■	22	■	21	■	21	■	7	■	2
20	14	19	22	■	3	2	20	19	2	22 Y	19	■

A B C D E F G H I J K L M N O P Q R S ~~T~~ ~~U~~ V W X ~~Y~~ Z

1	2	3	4	5	6	7 T	8	9	10	11	12	13
14	15	16	17	18	19	20	21 U	22 Y	23	24	25	26

8	2	7	11	20	13		8	14	16	13	11	6
24		22		12				16		5		18
24	18	5	9	16		24 C	8	3	3 S	18	24	21
20		13		11		8 A		16		18		16
26	5	18	19	20	24	23		23	8	11	18	17
23		24				24		18				9
		21	16	11	18	10	20	5	23	15		
8				20		4				16		20
24	18	11	16	24		18	7	11	16	9	20	13
25		18		23		5		8		15		16
22	17	4	18	22	17	13		13	5	8	1	23
16		20		5				20		9		20
23	22	5	5	20	23		22	17	22	3	20	13

~~A~~ B ~~C~~ D E F G H I J K L M N O P Q R ~~S~~ T U V W X Y Z

1	2	3	4	5	6	7	8	9	10	11	12	13
		S					A					
14	15	16	17	18	19	20	21	22	23	24	25	26
										C		

17

14	■	22	■	8	■	25	■	23	■	5	■	16
6	25	13	6	7 L	25	11	25	14	■	23	7	7
10	■	25	■	23	■	6 P	■	2	■	16	■	23
10	19	25	13	4	26	25 E	■	14	7	23	22	14
2	■	■	■	17	■	16	■	■	■	13	■	14
1	25	22	■	10	13	22	20	10	4	10	11	■
■	■	13	■	7	■	■	■	26	■	10	■	■
■	18	26	21	17	7	23	3	22	■	3	23	8
13	■	22	■	■	■	13	■	8	■	■	■	13
23	14	20	25	14	■	22	10	13	6	25	4	10
24	■	12	■	23	■	12	■	10	■	6	■	8
25	5	26	■	14	9	26	23	15	2	17	3	8
14	■	7	■	20	■	7	■	3	■	16	■	1

A B C D ~~E~~ F G H I J K ~~L~~ M N O ~~P~~ Q R S T U V W X Y Z

1	2	3	4	5	6	7	8	9	10	11	12	13
					P	L						
14	**15**	**16**	**17**	**18**	**19**	**20**	**21**	**22**	**23**	**24**	**25**	**26**
											E	

Easy

18

26	■	18	■	9	■	■	■	5	■	7	■	7
7	2	4	20	26	21	2	■	11	10	18	18	1
26	■	23	■	11	■	12	■	25	■	10	■	26
21	18	25	15	8	■	11	22	15	22	11	21	3
6	■	23	■	■	■	19	■	8	■	■	■	7
2	19	18	■	6	11	19	2	11	24	1	7	■
3	■	1	■	11	■	2	■	21	■	18	■	13
■	7	14	4	16	2	21	2	3	■	21	26	2
6	■	■	■	4	■	11	■	■	■	17	■	23
23	2	11	10	23 L	2	1 T	■	9	26	2	23	23
26	■	24	■	4 I	■	2	■	26	■	24	■	4
17	18	1	1	18	■	7	1	11	21	1	23	2
7	■	4	■	24	■	■	■	3	■	7	■	7

A B C D E F G H ~~I~~ J K ~~L~~ M N O P Q R S ~~T~~ U V W X Y Z

1	2	3	4	5	6	7	8	9	10	11	12	13
T			I									

14	15	16	17	18	19	20	21	22	23	24	25	26
									L			

■	25	■	16 M	■	17	■	22	■	10	■	12	■
25	21	9	22	19	18	5	6	■	20	11	25	3
■	1	■	10 T	■	25	■	5	■	18	■	8	■
6	5	24	10	20 O	2	■	6	1	18	5	23	6
■	■	■	20	■	22	■	■	■	19	■	25	■
14	3	22	2	10	3	8	■	19	15	8	3	3
■	5	■	■	■	5	■	26	■	■	■	13	■
20	26	26	25	3	■	7	18	20	21	5	6	6
■	10	■	16	■	■	■	25	■	18	■	■	■
21	20	14	25	3	10	■	16	20	22	2	15	6
■	11	■	4	■	22	■	19	■	16	■	19	■
21	5	15	5	■	6	20	2	17	14	19	18	15
■	18	■	15	■	13	■	17	■	6	■	10	■

A B C D E F G H I J K L ~~M~~ N ~~O~~ P Q R S ~~T~~ U V W X Y Z

1	2	3	4	5	6	7	8	9	10	11	12	13
									T			

14	15	16	17	18	19	20	21	22	23	24	25	26
		M				O						

2	4	8	4	19	6	23		4	9	4	11	6
	11		18		12 U		8		12		23	
6	23	25 R	12	2 S	6		4	21	25	26	7	14
	24		7		12		2		24		19	
23	4	19	19	21		2	16	7	25	7	6	2
	15		24		21		4				17	
		4	10	12	13	4	25	21	19	6		
	9				15		2		21		13	
26	24	25	20	24	12	6		15	25	7	5	5
	3		19		11		22		25		21	
11	24	14	4	19	6		21	1	24	12	19	6
	12		21		2		5		26		20	
21	2	7	15	4		11	5	24	2	4	2	6

A B C D E F G H I J K L M N O P Q R S T U V W X Y Z

1	2	3	4	5	6	7	8	9	10	11	12	13
	S										U	
14	15	16	17	18	19	20	21	22	23	24	25	26
											R	

21

When you have cracked the code and completed the grid, fill in the boxes at the bottom to reveal a pronoun.

■	17	■	18	■	12	■	17	■	1	■	1	■
8 T	14	5	16	3	15	■	14	26	20	14	11	8
■	1 A	■	1	■	14	■	22	■	1	■	25	■
15	2	1	19	■	4	1	2	■	2	15	15	3
■	2	■	■	■	19	■	13	■	■	■	2	■
24	23	21	15	26	16	■	11	15	24 B	24	16	3
■	■	■	6	■	■	■	■	■	14	■	■	■
11	9	22	6	8	11	■	1	14	8	25	15	2
■	15	■	■	■	8	■	24	■	■	■	5	■
4	19	14	11	■	2	22	24	■	11	8	23	16
■	10	■	19	■	22	■	16	■	16	■	21	■
2	16	10	1	7	4	■	23	1	9	26	16	3
■	11	■	8	■	16	■	11	■	26	■	26	■

~~A~~ ~~B~~ C D E F G H I J K L M N O P Q R S ~~T~~ U V W X Y Z

1	2	3	4	5	6	7	8	9	10	11	12	13
A							T					
14	15	16	17	18	19	20	21	22	23	24	25	26
										B		

15	14	2	11	16	19	10	16	11

14	25	24	12	7	18	22	■	13	25	8	8	9
15	■	7	■	24	■	21	■	23	■	15	■	7
16	21	18	23	24	■	18	25	24	13	7	18	22
21	■	7	■	25	■	7	■	13	■	19	■	1
19	25	24	7	18	23	25	9	■	6	25	7	17
7	■	■	■	7	■	9	■	5	■	20	■	■
18	25	5	7	17	26	■	17	20	25	21	9	17
■	■	15	■	26	■	1	■	25	■	■	■	21
15	10	24	21	■	17	25	20	18	23	16	21 E	20
4	■	9	■	11	■	18	■	2	■	7	■	20 R
8	19	21	3	7	18	22	■	15	20	23	24	15
25	■	19	■	12	■	21	■	20	■	19	■	7
19	15	9	17	9	■	20	21	5	20	15	4	18 N

A B C D ~~E~~ F G H I J K L M ~~N~~ O P Q ~~R~~ S T U V W X Y Z

1	2	3	4	5	6	7	8	9	10	11	12	13

14	15	16	17	18	19	20	21	22	23	24	25	26
				N		R	E					

23

■	25	18 S	6	14	18	■	6	24	12	10	24	■
8	■	19	■	6 L	■	3	■	2	■	14	■	3
13	12	16	■	3	7	21	12	2	■	8	16	13
6	■	21	■	■	■	12	■	■	■	24	■	12
6	13	2	21	■	25 I	20	9	■	24	16	21	16
25	■	■	21	11	16	■	24	25	6	■	■	25
26	13	1	1	■	6	■	18	■	23	13	8	18
25	■	■	14	11	14	■	23	21	21	■	■	17
6	21	12	2	■	23	14	24	■	18	14	20	25
25	■	21	■	■	■	23	■	■	■	4	■	16
23	21	11	■	22	21	22	15	19	■	9	14	8
19	■	2	■	13	■	17	■	21	■	14	■	18
■	23	19	9	14	18	■	5	13	25	6	23	■

A B C D E F G H ~~I~~ J K ~~L~~ M N O P Q R ~~S~~ T U V W X Y Z

1	2	3	4	5	6	7	8	9	10	11	12	13
					L							
14	15	16	17	18	19	20	21	22	23	24	25	26
				S							I	

Easy

22	3	16	21	10	8	18	■	20	9	16	21	13
■	19	■	2	■	15	■	21	■	20	■	15	■
7	20	17	12	8	1	■	12	26	19	16	19	5
■	24	■	4	■	13	■	21	■	16	■	24	■
17	20	8	16	14	■	23	10	16	6	11	20	9
■	19	■	20	■	16	■	8	■	■	■	14	■
■	■	13	2	3	6	11	20	13	20	2	■	■
■	25	■	■	■	11	■	23	■	12	■	2	■
7	15	3	9	15	16	2	■	15	2	5	12	19
■	18	■	2	■	20	■	24	■	11	■	16	■
12	1	8	15 O	12	13	■	20	19	8	16	23	13
■	3	■	15	■	18	■	13	■	3	■	16	■
1 F	8	15	11 P	23	■	8	15	5	5	16	19	5

A B C D E ~~F~~ G H I J K L M N ~~O~~ ~~P~~ Q R S T U V W X Y Z

1 F	2	3	4	5	6	7	8	9	10	11 P	12	13
14	15 O	16	17	18	19	20	21	22	23	24	25	26

25

18	1	15	21	3	5	■	6	26	25	3	1	21
■	6	■	1	■	15	■	25	■	19	■	25	■
10	1	7	9	■	6	25	26	3	25	1	2	3
■	25	■	19	■	6	■	■	■	15	■	14	■
5	3	19	25	19	26	■	17	13	7	11	19	20
■	■	■	19	■	5	■	15	■	■	■	25	■
15	5 S	19	20	■	13	26	7	■	3	26	9	5
■	16	■	■	■	7	■	2	■	22	■	■	■
7	15 U	3 T	4	19	12	■	3	14	13	12	14	5
■	1	■	1	■	■	■	13	■	7	■	1	■
8	21	1	4	13	7	12	26	■	24	19	25	23
■	21	■	23	■	13	■	7	■	21	■	5	■
19	5	2	26	25	3	■	5	2	9	3	14	19

A B C D E F G H I J K L M N O P Q R ~~S~~ ~~T~~ ~~U~~ V W X Y Z

1	2	3 T	4	5 S	6	7	8	9	10	11	12	13
14	15 U	16	17	18	19	20	21	22	23	24	25	26

Easy

26

2	11	17	21	■	26 S	14	19	26	11	■
22	■	20	■	2	■	19 A	■	19	■	13
19	2	7	■	18	24	26	22	7 T	7	22
25	■	19	■	24	■	2	■	24	■	10
■	16	24	10	7	■	19	20	20	9	10
■	■	10	■	24	■	18	■	■	■	17
26	15	24	■	2	18	19	8	24	10	4
17	■	20	■	■	22	■	■	20	■	17
10	17	3	17	20	1	26	■	6	17	1
17	■	■	■	17	■	7	■	22	■	■
2	18	17	17	5	■	22	9	18	26	■
7	■	23	■	11	■	19	■	14	■	22
22	5	9	10	17	20	7	■	24	20	20
18	■	19	■	21	■	26	■	20	■	10
■	12	10	24	26	26	■	9	3	10	4

~~A~~ B C D E F G H I J K L M N O P Q R ~~S~~ ~~T~~ U V W X Y Z

1	2	3	4	5	6	7	8	9	10	11	12	13
						T						

14	15	16	17	18	19	20	21	22	23	24	25	26
					A							S

16	22	7	16	8		3	22 L	8	8	11
11		12		9		21 R		16		16
11	12	3	3	12 U	11	8		11	17	26
8		3		17		8		8		17
11	5	16		5	12	6	6	22	8	21
		4		11		8				17
2	16	17	26		14	21	17	11	8	11
22		20			12			5		26
16	12	7	12	11	26		1	17	19	11
14				12		26		22		
13	20	15	2	2	22	25		22	16	4
10		6		26		14		15		17
16	7	15		8	23	15	22	23	8	1
14		20		24		15		8		26
13	20	8	22	26		20	15	21	26	18

A B C D E F G H I J K L M N O P Q R S T U V W X Y Z

1	2	3	4	5	6	7	8	9	10	11	12	13
											U	

14	15	16	17	18	19	20	21	22	23	24	25	26
							R	L				

Easy

28

When you have cracked the code and completed the grid, fill in the boxes at the bottom to reveal a metal.

24	16	25	7	15 D		26	13	17	14	20
8		24		17		20		2		12
20	13	25	8	10		18	20 E	20	22	24
3		13				20		13		20
10	5 Y	8	20	24	3	13	7	8	10	
4				3				17		3
10	21	20	17	13	20	1		18	21	17
17		6		4		7		20		1
13	4	8		11	25	1	15	13	17	8
24		12				20				12
	8	17	24	24	20	24	24	7	2	20
11		15		18				3		10
4	11	7	12	20		9	25	7	3	20
12		23		8		7		23		12
12	7	11	21	10		19	25	11	11	5

A B C ~~D~~ ~~E~~ F G H I J K L M N O P Q R S T U V W X ~~Y~~ Z

1	2	3	4	5	6	7	8	9	10	11	12	13
				Y								
14	**15**	**16**	**17**	**18**	**19**	**20**	**21**	**22**	**23**	**24**	**25**	**26**
	D					E						

8	17	10	4	24	24	7	25	1

29

15		9		5		8		15		3
20	7	14	15	22		1	7	25	15	22
15		11		7 O		21		15		7
4	13	7	8	19 C	9	22 L		1	7	2
7		24		18		15				8
6	9	6	15		24	1	8	4	7	1
15		1		23		7		13		21
	14	8	4	9	25	7	2	9	22	
9		1		1		18		13		17
23	9	21	16	8	15		13	24	1	9
9				5		4		15		1
10	8	16		15	26	19	24	4	15	14
8		24		4		7		12		3
1	8	21	17	13		5	9	24	1	9
21		4		7		5		15		21

A B ~~C~~ D E F G H I J K ~~L~~ M N ~~O~~ P Q R S T U V W X Y Z

1	2	3	4	5	6	7	8	9	10	11	12	13
						O						
14	15	16	17	18	19	20	21	22	23	24	25	26
					C			L				

30

■	25	■	10	■	14	■	12	■	4	■
25	10	5	11	■	4	16	23	5	11	■
■	9	■	19	■	25	■	11	■	19	■
9	16	24	2	25	3	■	1	11	25	19
■	3	■	23 U	■	16	■	14	■	9	■
■	8 B	23	19	1 N	22	5	4	11	18	■
■	■	■	11	■	5	■	■	■	19	■
5	4	11	18	5	■	5	15	25	6	5
■	16	■	■	■	8	■	22	■	■	■
■	8	25	1	18	25	1	1	25	5	■
■	8	■	25	■	17	■	18	■	22	■
24	9	23	21	■	25	5	5	11	1	21
■	22	■	22	■	25	■	16	■	13	■
■	1	11	26	11	19	■	14	19	23	7
■	24	■	11	■	5	■	20	■	9	■

A ~~B~~ C D E F G H I J K L M ~~N~~ O P Q R S T ~~U~~ V W X Y Z

1	2	3	4	5	6	7	8	9	10	11	12	13
N							B					

14	15	16	17	18	19	20	21	22	23	24	25	26
									U			

31

5	12	3	20	6	20	10	24	■	■	22
20	■	12	■	2	■	4	■	23	■	10
9	10	26	7	24	■	2 A	11	9	15	24
18	■	26	■	13	■	23	■	20	■	18
24	9	12	7	■	18	2	18 T	18	20	20
■	■	22	■	23	■	18	■	■	■	19
2	4	25	9	15	■	15	4	18	6	17
1	■	■	■	14	■	19 D	■	15	■	■
1	10	4	3	10	24	■	3	6	2	23
20	■	10	■	15	■	21	■	26	■	6
6	10	26	23	2	■	2	9	12	23	12
19	■	23	■	18	■	16	■	4	■	4
24	■	■	8	13	12	16	16	12	4	3

~~A~~ B C ~~D~~ E F G H I J K L M N O P Q R S ~~T~~ U V W X Y Z

1	2	3	4	5	6	7	8	9	10	11	12	13
	A											
14	15	16	17	18	19	20	21	22	23	24	25	26
				T	D							

Easy

	3		5		6		6		9	
14	19	21	11	14	12		26	4	10	6
	19		25		3		19		16	
11	24	21	18		20	14	19	24	16	1
			11		19		7		4	
11	3	19	14	11	4		6	4	18	3
	11								24	
21	14	10	1		22	14	19	24	9	6
	2		17		18		20			
3 M	10	21	10	11	4		23	1 E	1	26
	1		15		8		1		3	
5	1	15 D	1		10	14	5	13	18	24
	6		15		4		21		14	

A B C D E F G H I J K L M N O P Q R S T U V W X Y Z

1	2	3	4	5	6	7	8	9	10	11	12	13
E		M										
14	**15**	**16**	**17**	**18**	**19**	**20**	**21**	**22**	**23**	**24**	**25**	**26**
	D											

33

10	3	12	26	■	6	21	22	19	2	■
22	■	6	■	6	■	22	■	17	■	10
2	14	21	■	21	14	15	4	12	13	14
3	■	8	■	12	■	18	■	25	■	1
■	23	22	10	13	■	22	4	3	8	12
■	■	13	■	1	■	26	■	■	■	8
4	3	12	■	12	18	12	6	17	3	11
26	■	20	■	■	12	■	■	12	■	8
12	20	21	17	22	8	6	■	8	12	9
19	■	■	■	7	■	19	■	26	■	■
12	15	18 B	26	3	■	12	5	3	6	■
8	■	12	■	8	■	15	■	16	■	24
11	3	6 S	2	21	22	4	■	20	6	3
6	■	14	■	26	■	6	■	14 I	■	21
■	4	26	22	9	6	■	22	13	20	6

A ~~B~~ C D E F G H ~~I~~ J K L M N O P Q R ~~S~~ T U V W X Y Z

1	2	3	4	5	6	7	8	9	10	11	12	13
					S							
14	**15**	**16**	**17**	**18**	**19**	**20**	**21**	**22**	**23**	**24**	**25**	**26**
I				B								

Easy

34

17	1	14	20	6		13	24	9	23	1
20		24		17		26		2		5
19	24	20	11	25	1	17		13	1	1
1		15		15		15		25		17
21	26	6		20	8	9	20	4	25	14
		18		24		24				25
6	26	26	17		3	20	2	22	26	21
17		16			12			20		1
26	17	2	20	4	1		20	14	4	21
15				9		3		23		
6	26	10	1	17	4	12 Y		3	9	21
4		1		23		17		26		7
25	14	1		1	14 C	26 O	24	26	19	12
2		17		12		20		4		24
19	20	21	6	21		18	9	21	23	12

A B C D E F G H I J K L M N O P Q R S T U V W X Y Z

1	2	3	4	5	6	7	8	9	10	11	12	13
											Y	

14	15	16	17	18	19	20	21	22	23	24	25	26
C												O

35

When you have cracked the code and completed the grid, fill in the boxes at the bottom to reveal a muscle.

16	22	4	23	4	■	12	7	25	26	18
1	■	2	■	9	■	17	■	1	■	7
4	9	1	8	9	■	14	3	23	9	15
5	■	11	■	■	■	25	■	15	■	26
22	15	11	7	20	9	15	23	9	16	■
4	■	■	■	9	■	■	■	4	■	9
4	5	17	7	23	5	6	■	4	1	19
1	■	9	■	9	■	7	■	9	■	7
14	11	16	■	16	1	10	1	16	9	4
15	■	1	■	■	■	14 O	■	■	■	2
■	2	17	14	13	9	5	23 T	1	11 L	9
21	■	9	■	9	■	■	■	15	■	17
22	11	5	9	17	■	20	7	15	15	7
1	■	23	■	26	■	14	■	9	■	23
2	14	4	23	4	■	24	7	17	12	9

A B C D E F G H I J K ~~L~~ M N ~~O~~ P Q R S ~~T~~ U V W X Y Z

1	2	3	4	5	6	7	8	9	10	11	12	13
										L		

14	15	16	17	18	19	20	21	22	23	24	25	26
O									T			

21	22	7	16	17	1	5	9	2

Easy

36

13		14		8		9		14		14
2	9	18	9	2		6	12	17	15	12
5		5		15		12		15		26
7	15	2	16	10	12	2		3	17	15
1		3		18		13				12
9	1	5 A	25		9	2	19	12	5	25
17		4		11		9		21		14
	14	10	19	12	14	23	10	1	12	
23		17		23		19		12		20
24	10	3	24	12	2		16	17	12	12
12				25		14		19		12
12	7	15		25	9	9	8	5	24	14
4		2 R		12		25		20		23
12	5	3 G	12	2		6	10	25	25	5
14		12		22		12		12		21

~~A~~ B C D E F ~~G~~ H I J K L M N O P Q ~~R~~ S T U V W X Y Z

1	2	3	4	5	6	7	8	9	10	11	12	13
	R	G		A								
14	15	16	17	18	19	20	21	22	23	24	25	26

37

	18		23		17		20		18	
20	17	18	6		20	9	5	16	6	
	19		7		23		17		25	
23	5	25 R	18	5	17		18	2	11	10
	13		11 I		25		4		14	
	4	11	15 Q	5	9	25	11	26	17	
			5		25				4	
8	13	3	17	12		18	23	13	18	20
	11				13		25			
	25	9	13	12	22	4	9	26	21	
	22		4		17		16		11	
1	9	4	16		16	11	25	13	12	17
	25		17		16		5		24	
	24	17	25	14	17		12	5	17	16
	17		18		12		17		7	

A B C D E F G H ~~I~~ J K L M N O P ~~Q~~ ~~R~~ S T U V W X Y Z

1	2	3	4	5	6	7	8	9	10	11	12	13
										I		

14	15	16	17	18	19	20	21	22	23	24	25	26
	Q										R	

Easy

6	4	4	8	5	24	20	25			24
24		7		18		12		9		20
9	8	10	25	22		1	9	5	21	13
11		11		13		18		10		22
3	17	9	21		3	11	10	13	5	4
		17 L		13		20				11
9	17	17	4 O	6 W		12	9	25	25	26
14				9		16		11		
10	15	18	20	12	10		23	10	9	17
12		17		13		2		22		4
8	20	12	16	4		4	2	10	26	13
10		9		12		18		19		10
8			9	16	20	22	9	22	4	11

A B C D E F G H I J K ~~L~~ M N ~~O~~ P Q R S T U V ~~W~~ X Y Z

1	2	3	4	5	6	7	8	9	10	11	12	13
			O		W							
14	**15**	**16**	**17**	**18**	**19**	**20**	**21**	**22**	**23**	**24**	**25**	**26**
			L									

39

	2		13		15		10		12	
21	12	7	5	9	17		12	17	6	11
	16		7		14		1		25	
13	9	22	5		20	12	21	23	1	19
			23		19		19		12	
21	9	23	15	19	11		13	24	5	22
	26								23	
14	8	1	13		17	5	3	9	19	13
	9		11		12		9			
9	6	21	12	5	17		23 N	14	16 D	13
	19		6		5		9		1	
18	9	12	24		19	17	9	22	14	17
	16		13		4		17		13 S	

A B C ~~D~~ E F G H I J K L M ~~N~~ O P Q R ~~S~~ T U V W X Y Z

1	2	3	4	5	6	7	8	9	10	11	12	13 S
14	15	16 D	17	18	19	20	21	22	23 N	24	25	26

Easy

40

8	1	15	20		14	20	14	25	11	
1		14		14		1		6 R		18
7	11	11		22	11	25 A	26	3	25	14
23		11		15		22 P		23		7
	3	5	13	3		15	6	25	21	3
		1		25		1				26
24	3	9		26	3	17	26	14	6	3
11		3			6			23		20
1	23	20	4	1	6	3		20	7	26
2				23		10		25		
3	11	15	1	2		22	25	19	3	
6		7		25		11		1		7
3	10	15	25	6	13	1		14	6	23
5		11		5		16		6		12
	13	3	3	20	3		10	16	26	4

~~A~~ B C D E F G H I J K L M N O ~~P~~ Q ~~R~~ S T U V W X Y Z

1	2	3	4	5	6	7	8	9	10	11	12	13
					R							
14	15	16	17	18	19	20	21	22	23	24	25	26
								P			A	

41

15	14	5	6	2	8		2	3	14	16	2	8
13		14		25		16		14		2		22
6	5	5		13	16	12	12	6		2	15	16
9				14		4		11				13
	25	11	6	9	12	2		11	6	20	6	24
16		16				9				16		2
12	22	10	21	13		16	1	13	6	14	9	
14				14		11		21		11		
1	22	19	6	5	17		17	11	6	1	25	8
		16		5		16		6				16
	23	11	16	4	21	24		25	11	21	13	7
22		1				8				16		21
23	14	18	18	4		21	26	21 E	25 C	1	2	
23				16		13		5				25
21	12	12		19	21	21	15	2 S		15	16	13
5		22		5		24		14		16		14
24	13	22	19	2	4		13	21	23	11	21	10

A B C D E F G H I J K L M N O P Q R S T U V W X Y Z

1	2	3	4	5	6	7	8	9	10	11	12	13
	S											
14	**15**	**16**	**17**	**18**	**19**	**20**	**21**	**22**	**23**	**24**	**25**	**26**
							E				C	

Easy

42

When you have cracked the code and completed the grid, fill in the boxes at the bottom to reveal a shape.

24	10	24	10	9	11	2	15		26	10	18	4
22		7		12		23				8		18
12	2	14	12	7	20	18	4		22	16	22	12
4		20		13		2		17		12		22
5	7	6	17		22	8	14	12	10	2	4	17
24				3		15		20		1		
22	6	10	19 B	10 I	4			4	11	20	6	6
6		24		19	6	22	4	17		2		20
6	10	18 P	4		7		7		7	8	21	23
7		22		22	19	7	20	17		9		20
13	10	4	2	12			18	12	22	21	2	12
		4		12		19		21				10
2	18	10	6	7	14	20	2		22	6	17	7
25		7		13		12		6		6		20
10	8	8	4		18	2	6	10	9	22	8	4
9		2				22		7		24		6
17	10	15	21		1	20	22	8	15	22	12	21

A B C D E F G H I J K L M N O P Q R S T U V W X Y Z

1	2	3	4	5	6	7	8	9	10	11	12	13
									I			

14	15	16	17	18	19	20	21	22	23	24	25	26
				P	B							

12	2	9	17	22	8	14	6	2

43

16	4	11	6		4	15	19	13	1	19	15	4
22		23		19		7		15		15		1
23	16	23	23	16	19	6		3	17	14	1	12
15		16		8		1		3				1
2	1	19	4	15	7		4	17	19 R	19	1 O	19
21				4		3		2		16		18
16	24	11	17	23	23	17	2	14		8 V	17	15
21		2		16		6				16		25
		15	3	21	11	20	12	17	1	2		
12		19				11		21		14		16
19	11	4		7	1	17	12	16	19	16	19	6
17		16		17		12		2				20
20	15	21	16	12	6		6	12	11	20	20	1
10				16		9		17		26		19
17	2	20	11	19		1	5	5	3	16	15	12
2		1		15		1		25		15		16
14	26	1	11	7	17	6	26		6	23	16	21

A B C D E F G H I J K L M N ~~O~~ P Q ~~R~~ S T U ~~V~~ W X Y Z

1	2	3	4	5	6	7	8	9	10	11	12	13
O							V					
14	15	16	17	18	19	20	21	22	23	24	25	26
					R							

Easy

44

13	1	24	14	15	14	12	1		13	21	24	13
	15		13		10		19		2		8	
24	17	12	21	21	24		8	15	14	12	19	8
	24		13		9		20		19 O		22	
11	12	8	6	19		3	12	24 S	26	19	11 B	13
	4		26		24		8		14		15	
17	13	3	15	8	14	12	1		24	19	21	13
			17		26		12				21	
15	24	14	18	16	15		8	10	3	12	24	16
	25				12		6		12			
1	10	26	11		14	13	21	13	6	26	15	16
	13		26		7		23		8		24	
15	21	16	15	8	15	1		22	12	24	17	23
	1		4		1		24		5		18	
24	18	26	12	8	9		1	21	12	16	15	2
	13		13		13		15		13		21	
14	24	15	26		14	12	16	12	3	12	14	23

A ~~B~~ C D E F G H I J K L M N ~~O~~ P Q R ~~S~~ T U V W X Y Z

1	2	3	4	5	6	7	8	9	10	11	12	13
										B		
14	15	16	17	18	19	20	21	22	23	24	25	26
					O					S		

45

18	12	1	5	3	6	19	5		26	12	1	5
	1		7		21		20		12		12	
23	6	8	24	26	22		24	8	2	12	20	14
	4		22		5		8		22		14	
2	20	26	22	13		10	20	1	1	12	18	5
	23		11		12				20		12	
5	6	11	22	20	17	2	22		8	12	1	23
		12			22		8		21		9	
5	26	12	21	9	25		14	1	22	5	5	25
	1		3		22		6			9		
3	6	9	22		14	6	15	6	8	6	8	4
	17		7				22		24		12	
16	24	4	24 U	2	20	1 R		5	21	20	23	19
	26		22		2 L		20		2		20	
19	20	1	1	12	26		5	26	22	20	14	25
	1		22		22		9		20		6	
22	25	22	14		1	22	5	26	1	6	21	26

A B C D E F G H I J K ~~L~~ M N O P Q ~~R~~ S T ~~U~~ V W X Y Z

1	2	3	4	5	6	7	8	9	10	11	12	13
R	L											
14	**15**	**16**	**17**	**18**	**19**	**20**	**21**	**22**	**23**	**24**	**25**	**26**
										U		

25	13	2	22		16	17	15 R		26	2	3	4
13			11	12	4		17 A	15	9			5
17	1	22	2		1		26		17	2	6	4
23			15	12	13	18	24	4	15			15
4	21	2	10			13			14 F	17	9	22
		1		4	21	4	1	26		19		
17	14	14	2	5		26		24	13	26	23	8
10		2		4	5	22	15	17		9		12
12	17	15		9				21		12	2	10
12		16		13	1	9	10	4		1		23
14	12	2	26	22		12		15	2	6	4	26
		22		4	13	15	12	26		4		
20	12	8	26			17			14	15	4	4
13			22	17	19	10	4	17	13			19
16	17	22	4		17		11		10	2	16	19
7			17	7	22		4	4	10			4
8	17	1	23		24	17	26		8	17	15	6

A B C D E F G H I J K L M N O P Q R S T U V W X Y Z

1	2	3	4	5	6	7	8	9	10	11	12	13
14 F	15 R	16	17 A	18	19	20	21	22	23	24	25	26

47

25	18	2	14	20	20		25	18	21	18	3	26
	25		8		1		1		3		26	
24	17	19	18		10	1	7		16	14	2	3
	13				10						14	
10	18	25	17		1	5	7		8	3	5	18
			12		18		1		16			
3	15	6	26	18	25		21	3	1	15	26	4
	4						17		26		14	
3	5	7	8		25	14	16		26	4	15	22
	7		1		1						3	
7	11	17	16	17	8		8	3	21	18	25	8
			18		19		9		18			
26	3	1	13		4	17	14		16	3	6	8
	1						3				25	
17	13 D	18	8		8	17	12		16	17	17	26
	18		18		14		19		12		12	
18	8	16 T	18 E	18	5		8	23	17	12	26	8

A B C D E F G H I J K L M N O P Q R S T U V W X Y Z

1	2	3	4	5	6	7	8	9	10	11	12	13
												D
14	**15**	**16**	**17**	**18**	**19**	**20**	**21**	**22**	**23**	**24**	**25**	**26**
		T		E								

Easy

■	22	13	11	13	■	23	6	6	11	4	16	■
25	■	16	■	24	■	4	■	22	■	20	■	11
11	9	23	6	22	11	11	■	12	11	7	23	15
23	■	5	■	20	■	12	■	12	■	7	■	4
7	20	19	11	12	■	20	16	11	3	20	13	11
8	■	23	■	12	8	16	■	19	■	8	■	19
16	20	16	7	11	■	20	19	16	11	19	17	13
■	■	11	■	7	■	26	■	■	5	■	■	11
12	22	17	11	13	16	■	13	14	8	6	10	13
11	■	■	23	■	■	17	■	20	■	8	■	■
23	4	4	12	8	9	11	■	18	22	3	4	13
17	■	8	■	22	■	16	11	23	■	3	■	22
3 M	20	7 L	20	16	20	23	■	6	12	22	3	21
20 I	■	1	■	5	■	6	■	10	■	19	■	22
16	20	5	11	12	■	14	23	20	12	20	11	12
13	■	8	■	8	■	11	■	19	■	13	■	21
■	5	19	23	2	11	17	■	5	22	3	13	■

A B C D E F G H ~~I~~ J K ~~L~~ ~~M~~ N O P Q R S T U V W X Y Z

1	2	3	4	5	6	7	8	9	10	11	12	13
		M				L						

14	15	16	17	18	19	20	21	22	23	24	25	26
						I						

49

When you have cracked the code and completed the grid, fill in the boxes at the bottom to reveal a month of the year.

1		11		9		16		19		9		2
18	10	1	24	8	18	1	10	10		20	22	1
12		4		26		26		17		17		15
13	26	6	26	10		11	12	9	2	11	17	7
22				19		23		2				1
	9	5	11	17	6		16	22	1	19	22	4
12		1		10		17		11		26		
20	17	3	3	10	26	4	6		8	4	22	14
2		1		23		10		25		1		12
9	17	11	19		25	22	14	22	10	10	22	11
		16		11		2		2		10		16
24	1	9	5	22	14		9	2	1	23	9	
12				21		9		26				20
13	26	1	16	17	24	2		9	12	18	22	11
26		10		22		12		12		26		12
4	26	10		9	2	11	12	4	6 G	18	12 O	15
6		23		2		8		9		9		23 Y

A B C D E F G H I J K L M N O P Q R S T U V W X Y Z

1	2	3	4	5	6	7	8	9	10	11	12	13
					G						O	
14	15	16	17	18	19	20	21	22	23	24	25	26
									Y			

9	22	20	2	22	7	18	22	11

Easy

23		7		5		18		4		4		5
17	6	23	19	4	5	9	11	23	11	25	13	9
17		11		25		23		25		16		26
13	7	7	12	6		3	12	15	15	16	5	24
6		2				24		5		5		
26	13	21	9	14	5	23	11		23	26	26	24
		13		5		7		3				11
23	7	6	25	26		18	25	16	16	22	13	8
7		26		24				12		25		5
2	12	24	18	25	5	24		6	12	9	11	24
5				11		2		23		19		
26	6	12	19		14	23	16	16	6	13	13	4
		9		4		4				25		13
17	13	6	19	23	20	5		17	12	24	5	26
23		12 U		8		17		16		11		5
7	13	16	16 L	13	10 Q	12	25	23	16	25	24	4
5		8		6		16		1		7		24

A B C D E F G H I J K ~~L~~ M N O P ~~Q~~ R S T ~~U~~ V W X Y Z

1	2	3	4	5	6	7	8	9	10	11	12	13
									Q		U	
14	15	16	17	18	19	20	21	22	23	24	25	26
		L										

51

14	2	23	13	26	2	14	24	■	5	21	13	12
7	■	1	■	2	■	1	■	■	■	19	■	3
13	9	3	21	18	11	12	24	■	13	11	3	5
22	■	16	■	22	■	18	■	2	■	21	■	1
3	13	21	14	■	8	7	25	23	13	17	1	25
10	■	■	■	12 H	■	1	■	18	■	22	■	■
26	1 A	25	14	7	22	■	■	21	20	7	18	13
1	■	3	■	14 D	2	16	21	14	■	2	■	3
25	3	22	13	■	10	■	17	■	13	25	3	26
11	■	11	■	3	25	18	7	22	■	1	■	14
21	1	10	18	13	■	■	11	12	7	18	18	7
■	■	1	■	12	■	17	■	21	■	■	■	20
26	7	11	6	21	10	21	14	■	13	21	5	7
18	■	6	■	10	■	14	■	4	■	18	■	13
21	24	21	13	■	5	1	11	1	10	2	25	7
21	■	10	■	■	■	18	■	14	■	17	■	2
17	3	13	12	■	15	2	10	21	13	21	21	25

~~A~~ B C ~~D~~ E F G ~~H~~ I J K L M N O P Q R S T U V W X Y Z

1	2	3	4	5	6	7	8	9	10	11	12	13
A											H	
14	15	16	17	18	19	20	21	22	23	24	25	26
D												

Easy

4	15	8	12	18	5		9	17	21	21	17	5
	6		5		6		6		13		11	
15	16	14	6		25	19	26		14	15	1	21
			7						18		19	
4	17	14 R	21	17 E	8		24	17	23	18	26	16
	3 P				6		15				13	
1	15	20	15	14	14	15	7		12	19	1	21
	13		24		26		26		14			
1	10	14	15	7				24	19	9	6	26
			18		19		6		22		26	
18	21	17	14		20	6	25	6	22	19	26	17
	2				3		17				18	
2	18	19	12	12	21		21	18	3	3	5	8
	6		18						14			
12	5	6	26		17	5	12		15	6	12	21
	5		25		25		15		15		19	
6	21	16	19	26	25		14	17	12	17	14	21

A B C D ~~E~~ F G H I J K L M N O ~~P~~ Q ~~R~~ S T U V W X Y Z

1	2	3	4	5	6	7	8	9	10	11	12	13
		P										
14	**15**	**16**	**17**	**18**	**19**	**20**	**21**	**22**	**23**	**24**	**25**	**26**
R			E									

53

7	1	1	18	14	14	19	4		20	19	19	20
14		8		18		15 L				11		14
3	14	12	13	24 S	16	26 I	11		24	12	23	7
8		15		3		1		16		17		13
7	12	9	24		25	26	19	15	4	26	13	23
20				10		3		12		13		
12	26	24	15	19	24			20	26	12	13	7
19		3		24	15	18	14	24		3		5
4	7	7	14		12		12		2	26	21	19
26		1		12	21	10	24	24		7		14
1	12	9	19	4			20	15	12	13	19	24
		20		17		1		10				3
1	14	26	3	26	6	18	19		5	19	19	14
14		15		3		1		20		12		19
12	1	26	4		24	9	10	15	26	23	8	3
22		13				7		7		15		1
10	7	23	12		16	7	14	3	26	19	3	8

A B C D E F G H ~~I~~ J K ~~L~~ M N O P Q R ~~S~~ T U V W X Y Z

1	2	3	4	5	6	7	8	9	10	11	12	13

14	15	16	17	18	19	20	21	22	23	24	25	26
	L									S		I

Easy

54

16	24	16	20		2	17	23	12	12	22	2	4
15		11		24		22		6		3		23
21	6	9	19	22	9	25		26	23	3	9	2
6		3		3		2		26				7
22	23	25	22	3	9		13	22	3	10	17	9
19				22		11		3		9		17
9	1	5	16	3	25	22	3	10		3	23	19
25		16		10		2 S				9		20
		19	9	2	9	19 R	14	23 O	22	19		
2		17				9		12		22		16
7	23	23		8	17	16	5	13	16	15	18	2
23		6		17		25		9				15
11	23	19	7	16	19		2	15	20	7	4	9
16				14		25		7		24		3
15	6	19	22	23		9	11	9	19	16	17	25
4		9		6		16		25		3		9
2	9	14	9	19	9	17	20		16	10	9	25

A B C D E F G H I J K L M N Ø P Q R̸ S̸ T U V W X Y Z

1	2	3	4	5	6	7	8	9	10	11	12	13
	S											
14	15	16	17	18	19	20	21	22	23	24	25	26
					R				O			

55

19	20	6	1	15	15	23	26		1	23	19	4
	26		2		7		9		2		17	
26	8	18	1	23	26		9	11	15	5	26	20
	20		19		15		26		4		26	
22	11	14	26	15		3	6	4	10	3	20	19
	23		10		21		14		26		25	
20	26	23	26	14	11	19	26		21	4	4	21
			21		5		19				6	
20	18	1	20	25	18		25	4	3	11	21	5
	1				20		26		11			
19	3	1	10		11	5	21	11	20	11	4	21
	18		4		21		20		25		3	
3	1	19	19	1	5	26		25	18	4	11	6
	16		12		1		19		9		21	
25 C	1	19	24 U	1	23		1	20	4	10	11	25
	6		26		26		6		6		4	
4	15	15	19 S		19	18	11	6	13	11	21	5

A B ~~C~~ D E F G H I J K L M N O P Q R ~~S~~ T ~~U~~ V W X Y Z

1	2	3	4	5	6	7	8	9	10	11	12	13

14	15	16	17	18	19	20	21	22	23	24	25	26
					S					U	C	

Easy

56

When you have cracked the code and completed the grid, fill in the boxes at the bottom to reveal a novelist.

10	22	18	6	6	18	19	1		10	23	3 M	22
	21		14		16		20		2		14	
6	13	3	22	20	13		18 I	19	20 L	13	6	10
	4		22		14		19		20		5	
20	23	21	18	16		14	6	6	14	5	7	13
	13		19		5				15		20	
17	20	14	1	10	7	18	22		20	13	13	8
		21			13		7		13		10	
25	7	13	13	12	13		18	19	10	18	10	6
	18		9		10		14			5		
5	20	18	22		13	19	20	18	11	13	19	10
	14		21				10		14		13	
5	21	23	13	20	6	2		6	21	14	25	20
	18		10		7		26		19		15	
20	24	24	10	13	21		23	19	18	10	24	19
	23		13		24		10		10		21	
14	10	8	10		15	24	6	5	7	18	19	1

A B C D E F G H ~~I~~ J K ~~L~~ ~~M~~ N O P Q R S T U V W X Y Z

1	2	3	4	5	6	7	8	9	10	11	12	13
		M										
14	**15**	**16**	**17**	**18**	**19**	**20**	**21**	**22**	**23**	**24**	**25**	**26**
				I		L						

6	7	14	5	8	13	21	14	2

57

6	20	18	14		15	4	20		3	20	10	4
13			4	6	2		18	13	21			18
1	12	5	5		3		3		4	14	13	8
2			5	13	13	22	4	18	24			20
14	6	20	7			2			25	16	6	7
		1		20	13	6	3	20		2		
22	20	14	20	22		4		8	12	6	17	11
13		13		12	18	3	4	8		25		13
14	20	22		25				20		2	1	1
2		4		4	22	16	8	7		15 V		1
8	4	18	2	18		8		2 E	18 N	2	22	7
		20		24	13	12	6	14		6		
25	2	8	19			22			23	2	25	3
26			8	12	22	1	20	24	13			6
12	18	14	13		7		4		8	20	15	20
20			17	13	3		22	2	3			7
3	12	25	9		11	20	25		25	4	18	25

A B C D ~~E~~ F G H I J K L M ~~N~~ O P Q R S T U ~~V~~ W X Y Z

1	2	3	4	5	6	7	8	9	10	11	12	13
	E											
14	**15**	**16**	**17**	**18**	**19**	**20**	**21**	**22**	**23**	**24**	**25**	**26**
	V			N								

Easy

58

24	4	11	20	8	18	■	5	19	18	16	19	3
■	5	■	19	■	10	■	13	■	13	■	21	■
1	4	10	26	■	19	18	20	■	4	18	17	22
■	18	■	■	■	2	■	■	■	■	■	22	■
24	20	9	4	■	8	7	11	■	21	8	10	23
■	■	■	10	■	3	■	13	■	22	■	■	■
18	10	4	19	16	9	■	1	8	19	24	18	22
■	22	■	■	■	■	■	1	■	10	■	8	■
24	12	22	20	■	21	19	9	■	23	8	25	19
■	23	■	17	■	13	■	■	■	■	■	8	■
7	9	24	4	3	1	■	26	13	2	2	3	4
■	■	■	7	■	1	■	22	■	8 I	■	■	■
22	14	10	4	■	24	8	15	■	11 P	8	18	16 K
■	19	■	■	■	■	■	8	■	■	■	22	■
6	13	19	23	■	12	17	22	■	23	19	10	26
■	23	■	22	■	19	■	13	■	13	■	14	■
24	9	26	20	19	15	■	24	13	21	7	8	20

A B C D E F G H ~~I~~ J ~~K~~ L M N O ~~P~~ Q R S T U V W X Y Z

1	2	3	4	5	6	7	8	9	10	11	12	13
							I			P		
14	15	16	17	18	19	20	21	22	23	24	25	26
		K										

59

	6	8	17	8		20	17	2	21	2	22	
24		19		4		9		25		3		4
1	4	12	2	26	2	23		2	17	20	12	3
4		17		9		2		15		9		15
12	22	12	9 O	18 M		17	8	26	2	23	8	17
19		26		8	22 D	9		2		15		8
24	11	12	23	26		15	4	22	6	2	17	24
		2		12		10			2			13
19	12	24	2	15	26		7	8	26	2	23	24
9			5			23		24		3		
22	12	24	2	8	24	2		15	23	8	16	2
14		26		1		20	4	23		18		3
24	26	12	18	4	17	12		12	22	2	8	17
4		23		8		3		19		17		12
23	8	23	2	23		12	15	12	15	17	2	24
20		4		12		3		3		2		26
	24	13	23	8	3	6		6	9	22	24	

A B C ~~D~~ E F G H I J K L ~~M~~ N ~~O~~ P Q R S T U V W X Y Z

1	2	3	4	5	6	7	8	9	10	11	12	13
								O				
14	**15**	**16**	**17**	**18**	**19**	**20**	**21**	**22**	**23**	**24**	**25**	**26**
				M				D				

Easy

60

17		20		17		23		18		20		5
13	9	23	7	3	17	2	8	16		9	17	8
9		12		23		7		9		12		26
19	7	18	22	14		25	18	20	20	18	11	17
12				21		26		8				8
	16	17	19	20	10		8	14	12	8	19	22
18		9		23		17		2		24		
6	23	7	23	14	23	2	26		19	16	17	8
19		7		2		19		21		8		12
20	18	9	12		23	14	6	18	23	7	8	12
		10		16		12		20		2		26
9	14	1	18	20	2		1	20	23	17	17	
14				23		1		18				11
4 J	18	9 U	22	14	19	20		11	19	2	7	25
9		20		2		19		8		22		23
17	18	14		25	19	15	19	22	12	18	9	17
2 T		19		17		8		17		12		2

A B C D E F G H I J K L M N O P Q R S T U V W X Y Z

1	2	3	4	5	6	7	8	9	10	11	12	13
	T		J					U				
14	15	16	17	18	19	20	21	22	23	24	25	26

61

9	■	3	■	24	■	9	■	25	■	26	■	3
3	16	5	11	17	12	17	16	12	14	23	3	25
13 F	■	25	■	14	■	19	■	23	■	6	■	17
13	19 A	12	19	2	■	9	23	4	25	17	11	25
17	■	19	■	■	■	2	■	25	■	11	■	■
2 L	3	16	18	1	17	23	16	■	12	25	19	11
■	■	9	■	14	■	18	■	14	■	■	■	23
13	2	14	18	7	■	7	14	16	8	9	23	20
10	■	16	■	14	■	■	■	25	■	14	■	5
23	11	8	19	16	22	19	■	23	3	25	12	25
11	■	■	■	8	■	21	■	2	■	2	■	■
9	14	25	1	■	16	3	20	17	11	23	3	25
■	■	12	■	25	■	17	■	■	■	15	■	5
17	21	3	19	12	17	9	■	13	2	19	14	11
3	■	20	■	23	■	3	■	14	■	2	■	19
11	17	5	11	23	19	18	1	13	3	2	2	15
23	■	15	■	2	■	12	■	17	■	15	■	25

~~A~~ B C D E ~~F~~ G H I J K ~~L~~ M N O P Q R S T U V W X Y Z

1	2	3	4	5	6	7	8	9	10	11	12	13
	L											F

14	15	16	17	18	19	20	21	22	23	24	25	26
					A							

Easy

8	21	21	18	10	8	2	22		3	13	13	22
18		10		22		19				1		25
26	13	14	2	13	21	24	22		22	24	19	18
10		14		26		16		22		18		19
4	10	22	24		23	10	19	25	25	19	20	11
10				7		22		19		21		
22	25	19	18	8	2			21	4	8	21	9
20		20		16	10	18	6	17		24		8
13	20	12	17		2		20		14	19	15	15
22		4		14	2	4	4	26		20		8
22	4	2	12	13			5	19	20	11	13	18
		12		24		18		25				26
23	10	13	20	21	9	13	26		8	2	24	4
10		16		9		25		13		8		10
19	24	13	16		25	8	26	26	4	21 C	6	22
21		20				19		11 G		13		2
6	19	24	13		14	18	19	13 E	20	26	2	17

A B ~~C~~ D ~~E~~ F ~~G~~ H I J K L M N O P Q R S T U V W X Y Z

1	2	3	4	5	6	7	8	9	10	11	12	13
										G		E
14	15	16	17	18	19	20	21	22	23	24	25	26
							C					

63

When you have cracked the code and completed the grid, fill in the boxes at the bottom to reveal something you eat.

19	4	11	9	13	6	■	17	20	15	15	7	15
■	17	■	26	■	10	■	9	■	11	■	25	■
24	19	4	2	■	19	10	6	■	12	25	25	20
■	■	■	21	■	■	■	■	■	15	■	21	■
3	9 I	21	21	4	24	■	17	25	21	21	25	1
■	13	■	■	■	9	■	4	■	■	■	6	■
9	13 N	16	15	5	19	15	26	■	23	25	2	24
■	15	■	3	■	24	■	24	■	4	■	■	■
26 D	20	25	25	12	■	■	■	10	13	9	19	2
■	■	■	22	■	25	■	15	■	16	■	4	■
4	5	20	15	■	1	4	11	1	25	20	22	24
■	21	■	■	■	21	■	9	■	■	■	15	■
14	9	12	12	25	24	■	19	14	20	25	13	6
■	18	■	9	■	■	■	■	■	15	■	■	■
18	10	9	7	■	23	10	19	■	4	20	8	24
■	15	■	7	■	10	■	4	■	21	■	10	■
23	2	12	4	24	24	■	20	15	8	15	26	2

A B C ~~D~~ E F G H ~~I~~ J K L M ~~N~~ O P Q R S T U V W X Y Z

1	2	3	4	5	6	7	8	9	10	11	12	13
								I				N
14	**15**	**16**	**17**	**18**	**19**	**20**	**21**	**22**	**23**	**24**	**25**	**26**
												D

3	15	6	15	19	4	23	21	15

Easy

64

26	6	24	9	9	1	9	26		16	20	18	26
25		19		2		8 V				11		5
12	15	17	26	26 S	17	12 O	19		20	14	20	16
19		13		9		4		7		24		9
23	12	18	26		16	9	3	20	16	11	9	11
20				20		11		19		17		
19	9	7	24	2	20			11	12	21	4	26
9		9		9	10	17	23	26		20		24
12	20	13	26		2		12		26	23	20	16
24		16		5	9	17	16	26		9		16
26	24	17	23	9			26	23	24	11	17	12
		9		20		19		18				24
20	7	19	12	16	15	20	2		23	20	16	19
7		11		23		16		20		2		11
20	8	17	11		22	16	20	13	13	17	23	17
21		19				12		20		7		19
4	9	22	26		23	3	17	16	2	17	19	22

A B C D E F G H I J K L M N Ø P Q R $ T U V̸ W X Y Z

1	2	3	4	5	6	7	8	9	10	11	12	13
							V				O	

14	15	16	17	18	19	20	21	22	23	24	25	26
												S

65

19	6	5	3		6	24	4	26	6	8	1	3
10		2		11		18		10		18		21
3	2	23	6	19	23	3		16	11	5	5	11
10		24		23		15		16				24
5	2	23	11	24	20		4	11	1	23	24	8
11				15		16		7		8		14
24	23	21	5	10	14	10	23	3		17	8	18
3		6		16		11				6		16
		3	10	16	23	8	21	10	8	17		
26		15				23		4		23		6
11	1	23		1	10	3	4	10	3	3	23	1
18		5		24		3		5				25
5	6	3	3	23	16		17	6	5 T	23	6	18 U
10				3		3		5		24		1 D
9	18	6	1	3		10	21	23	26	23	24	17
18		3		23		22		3		21		23
23	12	13	11	24	5	23	1		3	5	18	1

A B C ~~D~~ E F G H I J K L M N O P Q R S ~~T~~ ~~U~~ V W X Y Z

1	2	3	4	5	6	7	8	9	10	11	12	13
D				T								
14	**15**	**16**	**17**	**18**	**19**	**20**	**21**	**22**	**23**	**24**	**25**	**26**
				U								

Easy

5	1	16	16	12	17	7	1	■	21	12	3	21
■	26	■	12	■	1	■	9	■	23	■	10	■
3	10	1	22	20	3	■	21	16	15	14	1	19
■	3	■	22	■	21	■	22	■	14	■	2	■
14	8	7	1	3	■	18	8	9	1	26	12	5 C
■	11	■	2	■	26	■	17	■	8	■	2	■
7	21	12	6	21	17	21	7	■	10	22	12 A	16 M
■	■	■	12	■	12	■	26	■	■	■	19	■
15	1	21	10	8	5	■	14	1	2	21	3	10
■	22	■	■	■	24	■	13	■	22	■	■	■
4	8	13	3	■	26	17	21	7	8	10	21	7
■	21	■	14	■	12	■	7	■	17	■	17	■
8	17	25	12	18	8	10	■	3	20	26	14	20
■	10	■	3	■	17	■	1	■	14	■	8	■
3	12	5	25	21	10	■	13	22	8	21	9	21
■	10	■	21	■	21	■	14	■	17	■	21	■
2	21	14	7	■	7	22	21	7	13	8	17	13

A B C D E F G H I J K L M N O P Q R S T U V W X Y Z [A, C and M crossed out]

1	2	3	4	5	6	7	8	9	10	11	12	13
				C							A	
14	**15**	**16**	**17**	**18**	**19**	**20**	**21**	**22**	**23**	**24**	**25**	**26**
		M										

67

10	4	26	23	23	9	12	6		23	4	3	10
	12		9		18		4		5		16	
5	24	20	26	3	16		26	2	4	5	15	15
	5		20		1		13		20		20	
11	17	3	12	20		3	16	12	4	20	3	26
	16		26		15				26		10	
26	6	21	17	16	2	20	15		18	12	26	4
		5			26		26		26		20	
15	3	20	2	5	19		7 F	26	9	20	12	4
	19		5		23		26			12		
15	23	17	4		3	4 R	4	3	20	26	16	20
	4		16				3 I		3		12	
15	12	26	7	5	5	6		24	9	12	26	25
	15		9		23		14		20		4	
26	15	8	5	4	12		5	9	3	22	12	15
	12		17		4		5		16		15	
17	15	12	4		26	9	19	3	10	8	20	18

A B C D E ~~F~~ G H ~~I~~ J K L M N O P Q ~~R~~ S T U V W X Y Z

1	2	3	4	5	6	7	8	9	10	11	12	13
		I	R			F						
14	15	16	17	18	19	20	21	22	23	24	25	26

Easy

12	5	23	11		4	26	12		24	26	15	2
20			26	9	2		2	1	5			18
23	16	13	7 G		8		1		10	16	21	16
5			7	26 O	8	11	22	13	7			1
3	5	12	19 Y			23			2	7	7	12
		4		3	8	26	26	1		23		
16	23	26	1	16		14		16	21	26	1	12
8		23		13	2	2	10	12		17		9
8	16	6		25				21		2	7	26
26		22		5	13	10	5	2		8		23
9	20	26	12	2		23		23	5	8	2	10
		13		21	26	16	10	19		2		
12	16	12	20			22			5	23	7	2
8			16	3	16	13	10	26	13			18
16	4	21	12		7		5		14	22	13	4
1			21	22	2		12	15	22			2
12	16	13	2		12	22	21		6	5	23	8

A B C D E F G̸ H I J K L M N O̸ P Q R S T U V W X Y̸ Z

1	2	3	4	5	6	7	8	9	10	11	12	13
						G						
14	**15**	**16**	**17**	**18**	**19**	**20**	**21**	**22**	**23**	**24**	**25**	**26**
					Y							O

69

14	18	3	10	5	22		24	18	6	15	16	7
	9		19		15		10		10		19	
7	12	23	20		16	1	25		11	18	16	19
	10				24						15	
12	25	17	5		10	15	20		16	19	1	7
			10		5		5		15			
2 H	12	1	6	12 U	22		17	5	10	17	5	7
	7						13		16		12	
25	12	1 M	16		16	7	7		7	10	4	18
	16		15		22						22	
25	19	16	7	1	16		18	14	16	4	18	7
			17		10		16		22			
17	14	18	5		5	17	15		17	15	6	7
	17						5				19	
18	4	10	11		15	12	18		6	19	12	18
	20		10		16		15		17		26	
8	16	12	5	11	21		7	11	16	26	26	7

A B C D E F G ~~H~~ I J K L ~~M~~ N O P Q R S T ~~U~~ V W X Y Z

1	2	3	4	5	6	7	8	9	10	11	12	13
M	H										U	
14	15	16	17	18	19	20	21	22	23	24	25	26

Easy

70

When you have cracked the code and completed the grid, fill in the boxes at the bottom to reveal an item of clothing.

■	10	20	1	12	■	26	17	3	12	12	13	■
12	■	5	■	3	■	8	■	4	■	3	■	4
17	6	8	25	14	6	22	■	4	6	24 R	8	15
3	■	7	■	14	■	8	■	1	■	22	■	3
7	24	8	19	6	■	15	20 U	26	18	1	6	24
1	■	14	■	14	12	13	■	6	■	3	■	1
8	14	17	6	14	■	14	22	24	8	5 N	25	14
■	■	6	■	3	■	22	■	■	16	■	■	22
26	6	25	8	24	14	■	14	9	6	8	24	14
24	■	■	25	■	■	24	■	1	■	7	■	■
3	20	22	25	3	5	6	■	14	1	25	15	6
14	■	6	■	19	■	26	20	6	■	1	■	23
14	26	6	5	6	24	13	■	24	6	26	8	12
7	■	5	■	24	■	26	■	8	■	8	■	1
8	9	8	2	6	■	15	3	7	14	22	6	24
24	■	21	■	8	■	6	■	15	■	6	■	13
■	11	6	22	22	6	25	■	6	5	25	14	■

A B C D E F G H I J K L M ~~N~~ O P Q ~~R~~ S T ~~U~~ V W X Y Z

1	2	3	4	5	6	7	8	9	10	11	12	13
				N								

14	15	16	17	18	19	20	21	22	23	24	25	26
						U				R		

16	8	1	14	22	26	3	8	22

Moderate Codewords

71

2	25	1	12	9	12	■	22	20	24	5	13	12
■	3	■	18	■	6	■	8	■	8	■	20	■
13	1	18	25	8	13	1	12	■	16	8	19	5
■	17	■	8	■	20	■	1	■	9	■	8	■
12	6	20	13	■	4	5	13	23	12	21	5	26
■	1	■	22	■	16	■	■	■	■	■	20	■
12	26	20	12	22	12	■	20	10 F	10	1	6	9
■	9	■	■	■	■	■	12	■	13	■	9	■
10	8	17	9	25	13	1	12	■	1	22	8	13
■	5	■	5	■	20	■	25	■	9	■	11	■
12	3	8	26	■	26	20 A	13	20	10	10	8	3
■	20	■	20	■	8	■	1	■	25	■	9	■
15	16	20	7	1	19	■	19	1	16	20	14	12

A B C D E F G H I J K L M N O P Q R S T U V W X Y Z

1	2	3	4	5	6	7	8	9	10 F	11	12	13
14	15	16	17	18	19	20 A	21	22	23	24	25	26

Moderate

72

25	10	21	9	4	7	9	■	4	9	26	5	14
3	■	1	■	26	■	26	14	5	■	7	■	25
24	14	24	5	21	10	14	■	26	14	19	2	25
21	■	7	■	9	■	4	3	6	■	16	■	21
14	7	5	14	■	25	■	■	3	5	5	■	13
■	■	3	12	24	9	14	21	11 N	■	22	3	11
14	■	■	3	■	7	■	11	■	8	■	■	25
16	7	18	■	7	5	14	11	21	7	1	■	■
16	■	21	26	11	■	■	25 S	■	13	14	9	9
7	■	13	■	15	14	25	■	18	■	11	■	26
25	24	14	23	3	■	14	20	3	11	7	3	25
3	■	1	■	9	26	15	■	14	■	14	■	3
5	26	22	14	9	■	25	17	7	14	9	26	5

A B C D E F G H I J K L M ~~N~~ O P Q R ~~S~~ T U V W X Y Z

1	2	3	4	5	6	7	8	9	10	11 N	12	13
14	15	16	17	18	19	20	21	22	23	24	25 S	26

73

3	25	3	22	21		12	7	21	20	25	8	19
16		16		22		7		8		10		7
22	10	18	3	25	8	19		25	5	10	22	16
20		26		23				3				25
20	16	25	6 C	22	3	21		3	7	6	20	21
9		11				4		22		18		24
	5	25	21	1	13	25	22	20	25	8	19	
2		20		13		11				15		21
16	24	9	11	22		3	16	18	17	22	6	20
25				13				2		16		13
6	7	6	20	25 I		14	10	18	20	21	7	11
4		18		8		13		22		22		3
21	24	18	20	19	13	8		21	25	5	22	21

A B ~~C~~ D E F G H ~~I~~ J K L M N O P Q R S T U V W X Y Z

1	2	3	4	5	6 C	7	8	9	10	11	12	13
14	15	16	17	18	19	20	21	22	23	24	25 I	26

Moderate

7	14	9	2	11	8	1		10	16	16	4	2
	23		18		21		16		7		16	
9	4	3	23	12	2	9	26	8	21	8	2	2
	4		17		23		8				18	
14	8	17	5	19	8	17	1		3	12	23	19
	5		1				5		16		8	
		6	16	1	8	22	16	23	1	15		
	13		21		21				22		24	
10	9	3	2		17 A	21	2	7	8	1	8	5
	21				22		22		12		5	
8	25	22	8	3	15	9	16	21	17	12	12	20
	8		8		2		23		9		17	
16	5	5	12	20		19	1	17	21	5 D	4	17

A B C D E F G H I J K L M N O P Q R S T U V W X Y Z

1	2	3	4	5	6	7	8	9	10	11	12	13
				D								
14	**15**	**16**	**17**	**18**	**19**	**20**	**21**	**22**	**23**	**24**	**25**	**26**
			A									

75

5	■	24	■	26	■	5	■	20	■	10	■	2
25	14	15	6 T	15	■	2	20	2	9	19	18	10
17	■	18	■	19	■	21	■	1	■	21	■	11
2	18	6	17	18	18 N	2	■	11	19	1	10	17
8	■	15	■	■	■	20	■	19	■	■	■	17
5	4	23	2	5	14	19	18	10	■	12	17	1
■	■	11	■	15	■	■	■	2	■	19	■	■
10	2	5	■	25	17	11	25	21	17	7	17	1
15	■	■	■	11	■	23	■	■	■	2	■	15
13	2	21	5	2	■	1	17	3	15	6	17	1
13	■	19	■	18	■	17	■	15	■	19	■	10
21	15	21	21	15	25	5	■	16	11	15	6	17
17	■	22	■	5	■	6	■	5	■	18	■	1

A B C D E F G H I J K L M N O P Q R S T U V W X Y Z

1	2	3	4	5	6	7	8	9	10	11	12	13
					T							
14	**15**	**16**	**17**	**18**	**19**	**20**	**21**	**22**	**23**	**24**	**25**	**26**
				N								

■	14	9	22	17	20	20	17	■	20	19	9	23
19	■	6	■	16	■	7	■	10	■	8	■	9
15	9	23	20	3	12	14	■	11	12	10 U	11	19
9	■	17	■	7	■	17	■	23	■	7	■	4
18	9	19	7	1	■	23	10	17	7	11	14	■
18	■	■	■	9	■	19	■	19	■	20	■	14
17	16	20	12	23	20	■	24	17	7	19	20	26
21	■	9	■	9	■	7	■	23	■	■	■	2
■	14	1	10	20	17	11 N	■	13	17	14	9	11
6	■	5	■	7	■	25	■	17	■	23	■	9
23	17	7	14	11	■	10	11	21	23	17	19	19
9	■	11	■	14	■	23	■	1	■	17	■	20
2	10	14	19	■	1	17	13	26	7	11	14	■

A B C D E F G H I J K L M N O P Q R S T U V W X Y Z

1	2	3	4	5	6	7	8	9	10	11	12	13
									U	N		
14	**15**	**16**	**17**	**18**	**19**	**20**	**21**	**22**	**23**	**24**	**25**	**26**

77

When you have cracked the code and completed the grid, fill in the boxes at the bottom to reveal a musical instrument .

■	23	12	16	26	4	■	23	4	26	24	15	■
5	■	16	■	1	■	■	■	16	■	15	■	26
23	11	26	5	24	23	■	19	8	4	19	1	4 T
23	■	20	■	19	■	17	■	21 I	■	21	■	4
19	20	20	19	7	18	19	23	13	19	1	13	19
23	■	19	■	14	■	23	■	16	■	14	■	7
■	■	■	25	7	21	23	3	22	15	■	■	■
21	■	12	■	5	■	21	■	16	■	23	■	12
14	7	5	1	24	24	5	26	14	17	4	19	7
22	■	24	■	26	■	1	■	21	■	5	■	21
16	7	24	19	5	22	■	23	13	16	1	19	23
16	■	22	■	4	■	■	■	5	■	6	■	2
■	9	19	10	19	22	■	13	22	16	5	3	■

A B C D E F G H I J K L M N O P Q R S T U V W X Y Z

1	2	3	4	5	6	7	8	9	10	11	12	13
			T									
14	**15**	**16**	**17**	**18**	**19**	**20**	**21**	**22**	**23**	**24**	**25**	**26**
							I					

8	15	22	16	12	17	16	1	19

	14		14		20		26		22		8	
5	4	5	4 C	2	21		24	4	4	8 U	6	17
	3		5		2	14	13		8		15	
3	8	14	18		5		2		23	21	14	15
	5			21	10	5	22	15			9	
24	15	15	21	16		18		8	23	1	21	16
		24		16	24	2	2	22		8		
19	24	12	8	21		21		9	14	17	14	9
	11			18	8	22	15	22			23	
14	11	14	16		22		24		1	16	14	22
	21		24		8	16	7		5		25	
5	7	18	24	24	16		12	24	1	2	21	15
	18		18		6		22		22		18	

A B ~~C~~ D E F G H I J K L M N O P Q R S T ~~U~~ V W X Y Z

1	2	3	4	5	6	7	8	9	10	11	12	13
			C				U					
14	15	16	17	18	19	20	21	22	23	24	25	26

79

19	13	18	5	8	21	9	■	5	22	1	8	16
■	19	■	22	■	11	■	26	■	11	■	9	■
1	9	13	11	2	26	21	1	24	19	24	3	25
■	26	■	21	■	8	■	9	■	■	■	5	■
21	11	10	11	19	21	2	11	■	24	8	26	6
■	2	■	7	■	■	■	16	■	19	■	6	■
■	■	8	7	7 T	11	21	19 A	9	26	11	■	■
■	26	■	19	■	3	■	■	■	6	■	4	■
17	19	7	2	■	13	11	16	5	24	24	11	13
■	9	■	■	■	11	■	19	■	5	■	9	■
8	9	15	8	11	2	7	1	5	9	1	9	23
■	5	■	2	■	7	■	12	■	11	■	11	■
19	9	9	11	14	■	20	11	19	2	11	3	2

A B C D E F G H I J K L M N O P Q R S T U V W X Y Z

1	2	3	4	5	6	7	8	9	10	11	12	13
						T						
14	**15**	**16**	**17**	**18**	**19**	**20**	**21**	**22**	**23**	**24**	**25**	**26**
					A							

Moderate

80

1	17	17	4		15	19	26	8	12	15	13	10
	9		5		13		5		15		18	
2	11	18	23	17	10		20	15	26	15	12	2
	5		15		17		4		15			
18	22	19	26		25	5	18	26	12	5	22	17
	5		18				10				19	
2	26	6	24	5	2	26	5	16	18	24	24	6
	17				11				13		24	
18	25	17	7	19	18	26	17		21	18	25	2
			19		20		9		19		15	
25	17	16	18	20 M	4		18	22	24	18	14	17
	12		12		15		16		24		17	
3	18	16	1	22	15 O	15	26		6	18	12	25

A B C D E F G H I J K L ~~M~~ N ~~O~~ P Q R S T U V W X Y Z

1	2	3	4	5	6	7	8	9	10	11	12	13

14	15	16	17	18	19	20	21	22	23	24	25	26
	O					M						

81

■	1	14	5	15	1	14	■	7	20	21 A	3	■
21	■	1	■	1	■	1	■	20	■	20	■	24
22	21	17	1	20	■	24	4	13	22	18	21	26
13	■	10	■	24	■	5	■	23	■	1	■	5
11	1	26	26	1	6	24	■	10	26	14	5	14
1	■	7	■	■	■	15	■	1	■	■	■	1
■	24	15	10	9	24	■	24	15	21	9	24	■
9	■	■	■	13	■	6	■	■	■	20	■	12
6	21	15	1	2	■	21	8	21	20	5	7 C	1
5	■	21	■	20	■	25	■	15	■	24	■	6
15	19	7	13	13	26	24	■	15	13	15	21	6
16	■	5	■	13	■	1	■	5	■	6	■	19
■	5	15	1	18	■	14	1	7	13	19	24	■

A B C D E F G H I J K L M N O P Q R S T U V W X Y Z

1	2	3	4	5	6	7	8	9	10	11	12	13
						C						
14	**15**	**16**	**17**	**18**	**19**	**20**	**21**	**22**	**23**	**24**	**25**	**26**
							A					

82

23	22	26	12	10	9	■	8	15	12	13	26	12 T
6	■	■	21	■	2	■	10	■	2	■	■	26
21	■	5	22	4	5	19	9	5	6 R	5	■	12
18	26	7	10	■	7	■	6	■	5	1	26	12
5	■	24	■	10	21	16	5	4	■	8	■	5
20	6	8	22	22	■	26	■	8	19	7	5	6
■	■	2	■	21	7	17	26	22	■	5	■	■
14	9	21	14	26	■	8	■	8	23	6	5	4
26	■	11	■	3	2	12	9	4	■	21	■	16
4	26	22	8	■	8	■	15	■	4	12	21	6
4	■	5	1	25	15	26	4	26	12	5	■	26
5	■	■	5	■	12	■	14	■	26	■	■	23
20	6	5	7	10	9	■	4	10	6	15	11	4

A B C D E F G H I J K L M N O P Q R S T U V W X Y Z

1	2	3	4	5	6	7	8	9	10	11	12	13
					R						T	
14	**15**	**16**	**17**	**18**	**19**	**20**	**21**	**22**	**23**	**24**	**25**	**26**

	19	23	14	24	13	22	9	23	2	19	21	
23		18		1		6		12		20		19
8	4	9	16	24	14	9	23	24	14	9	6	1
6				13		14		5		3		7
4	19	15 C	18	6	1	19	21		14	4	9	6
14		2		22		4		24		24		5
	11	4	26	9	14		15	22	9	1	3	
21		6 O		15		22		14		14		24
24	26	1	14		21	9	24	4	9	23	14	23
17		9		6		25		26				18
19	10	15	6	20	20	26	1	9	15	24	14	19
21		22		9		6		23		23		12
	12	19	23	14	19	4	1	20	6	23	14	

A B ~~C~~ D E F G H I J K L M N ~~O~~ P Q R S T U V W X Y Z

1	2	3	4	5	6	7	8	9	10	11	12	13
					O							

14	15	16	17	18	19	20	21	22	23	24	25	26
	C											

Moderate

84

When you have cracked the code and completed the grid, fill in the boxes at the bottom to reveal a time.

25	15	7	6	13		9 G	11	16	9	14	11	22
15		15		10		17		15		10		12
7	15	16	20	12	5	20		18	15	9	17	25
17		23		9				11				25
13	23	17	12	12	3	12		24	19	10	8	12
20		12				25		10		16		24
	21	19	12	4	17	24	10	7	10	16	9	
11		12		17		12				12		11
25	11	24	12	16		19	12	13	15	19	20	13
26				26				25		18		10
11	25 L	10	26	12		20	14	15	1	15	25	24
25		18		20		10		2		13		12
10	18	21	11	13	13	12		13	12	20	20	13

A B C D E F ~~G~~ H I J K ~~L~~ M N O P Q R S T U V W X Y Z

1	2	3	4	5	6	7	8	9	10	11	12	13
								G				
14	**15**	**16**	**17**	**18**	**19**	**20**	**21**	**22**	**23**	**24**	**25**	**26**
											L	

22	12	13	20	12	19	24	11	22

85

■	26	5	6	14	3	5	26	■	6	10	6	11
14	■	3	■	21	■	26	■	3	■	8	■	26
19	11	8	16	9	6	11	■	7	8	9	20	26
21	■	20	■	14	■	24	■	23	■	20	■	22
23 T	26	6	14	26	■	3	11	8	7	26	13	■
23	■	■	■	15	■	7	■	2	■	14	■	22
20	6	9	8	21	11	■	22	3	6	14	19	8
26	■	20	■	26	■	23	■	19	■	■	■	11
■	20	6	21	7	19	12	■	6	1	1	6	20
14	■	17	■	23	■	6	■	23	■	6	■	8
4	7	26	26	20	■	23	16	3	23	23	26	11 R
3	■	11	■	18	■	19	■	7	■	3	■	7
1	21	14	12	■	19	12	3	25	7	8	7	■

A B C D E F G H I J K L M N O P Q ~~R~~ S ~~T~~ U V W X Y Z

1	2	3	4	5	6	7	8	9	10	11	12	13
										R		
14	**15**	**16**	**17**	**18**	**19**	**20**	**21**	**22**	**23**	**24**	**25**	**26**
									T			

Moderate

86

1	19	8	9	22	22		7	21	21	1	26	22
4		17		7				18		19		3
25	17	12	1	26		1	15 N	15	9	8	10	1
1		12		24		4		17		1		17
20	10	17	22	22	6	20		19	17	21	17	19
3		12				17		6				18
		1	14	7	6	13	9	20	17	10		
1				15		17				1		11
21	26	17	15	2		3	26	17	25	1	5	1
6		8		15		1		21		20		26
8	9	18	23	9 O	9	21		17	20	23	1	22
10		22		16				12		1		1
1	17	22	6	15	12		19	1	17	22	10	18

A B C D E F G H I J K L M ~~N~~ ~~O~~ P Q R S T U V W X Y Z

1	2	3	4	5	6	7	8	9	10	11	12	13
								O				
14	15	16	17	18	19	20	21	22	23	24	25	26
	N											

87

19		1		25		24		1		13		2
10	14	18	14	22	9	13	4	6		4	3	4
13		14		19		4		9		5		14
18	13	4	19	22	6	14		14	26	19	1	9
13				25		5				22 A		19
22	10	25		1	3	19	5	7	13	4	14	
		1		11				21		25		
	3	4	22	12 B	22	19	14	17		14	12	12
20		8				23		10				1
14	16	3	22	9		14	18	1	9	18	14	5
12		10		14		14		6		22		5
10	3	14		22	17	17	10	14	5	5	14	14
22		17		15		5		4		19		5

~~A~~ ~~B~~ C D E F G H I J K L M N O P Q R S T U V W X Y Z

1	2	3	4	5	6	7	8	9	10	11	12	13
											B	
14	15	16	17	18	19	20	21	22	23	24	25	26
								A				

Moderate

88

4		13		26				7		15		25
25	26	9	21	12	17	9		16 O	10	9	16	10
26		25		23		10		12		2		4
16	24	26	8	10		8	4	23	21	4	23	6
12		8				18		10				8
10	16	23		8	15	12	3	4	26	8	15	
15		9		17		9		17		19		4
	14	4	11	8	26	26	8	25		5	16	5
9				2		4				17		16
23	22	12	20	4	23	20		3	22	9	17	17
6		10		26		17		23		3		16
8	19	9	17	8		8	2	8	10 N	9	10	14
15		26		25				13		26		1

A B C D E F G H I J K L M ~~N~~ ~~O~~ P Q R S T U V W X Y Z

1	2	3	4	5	6	7	8	9	10	11	12	13
									N			
14	**15**	**16**	**17**	**18**	**19**	**20**	**21**	**22**	**23**	**24**	**25**	**26**
		O										

89

	8		22		25		8		2		21	
4	19	11	24	15	11	4	12		22	4	16	15
	9		9		8		12		16		5	
23	4	9	16	4	6		25	8	10	8	7	4
			4		6				10		9	
13	25	13 U	15 R	17	4	12		2	14	5	16	2
	26				12		2				5	
26	13	16	2	1		9	24	18	4	5	7	4
	8		22				5		9			
24	12	12	16	11	14		25	13	23	13	15	23
	15		3		8		24		24		8	
2	24	24	17		20	8	9	1	20	8	14	25
	5		25		5		4		25		25	

A B C D E F G H I J K L M N O P Q ~~R~~ S T ~~U~~ V W X Y Z

1	2	3	4	5	6	7	8	9	10	11	12	13
												U
14	**15**	**16**	**17**	**18**	**19**	**20**	**21**	**22**	**23**	**24**	**25**	**26**
	R											

Moderate

10	5	2	8	5	26	24		24	25	8	8 S	14
	21		12		13		1		8		13	
10	13	15	4	5	8		15	20	10	13	2	8
	12		9		9		21		5		2	
12	8	26	5	8		8	25	17	2	13 O	13	24
	11		5		23		15				6	
		5	17	23	25	12	2	12	17	21		
	18				5		8		25		12	
22	2	12	18	3	26	14		13	16	13	17	5
	15		15		26		11		16		19	
15	7	5	17	25	5		5	18	26	15	12	2
	15		19		19		17		5		21	
8	9	15	14	8		21	25	11	19	2	13	22

A B C D E F G H I J K L M N ~~O~~ P Q R ~~S~~ T U V W X Y Z

1	2	3	4	5	6	7	8 S	9	10	11	12	13 O
14	15	16	17	18	19	20	21	22	23	24	25	26

91

When you have cracked the code and completed the grid, fill in the boxes at the bottom to reveal a type of rock.

2	13	17	22		16	6	16	12	20	
19		22		23		19		19		1
5	19	19		15	20	15	19	21	19	21
14		13		13		2		16		18
	26	14	16	1		2	21	4	12	21
		24		15		21				1
16 A	11	13		8	16	1	23	15	5	26
26		4			7			4		21
6	1	21	21	9	21	26		25	16	3
21				13		12		5		
26	16	19	18	13		24	15	4	20	
7		21		19		5		3		10
13	6	18	5	13	15	26		5	1	21
26		21		11		8		4		7
	14 P	19	13	22	26		21	11	11	26

~~A~~ B C D E F G H I J K L M N O ~~P~~ Q R S T U V W X Y Z

1	2	3	4	5	6	7	8	9	10	11	12	13

14	15	16	17	18	19	20	21	22	23	24	25	26
P		A										

19	5	8	21	26	7	13	4	21

Moderate

25	22	2	22	25	■	2	14	6	9	12
11	■	25	■	22	■	24	■	15	■	6
3	1	24	10	3	24	25	■	1	11	14
1	■	23	■	6	■	15	■	22	■	24
17	22	3	■	3	18	13	22	14	9	20
■	■	1	■	16	■	14	■	■	■	22
3	9	11	15	■	3	11	13	9	22	25
13	■	21	■	■	13	■	■	20	■	16
19	11	10	16	11	15	■	2	6	4	4
8	■	■	■	18	■	25	■	5	■	■
22	26	9	14	13	7	22	■	5	11	10
9	■	14	■	11	■	1	■	17	■	6
16	22	11	■	25	6	24	16	6 I	10	23
22	■	10	■	6	■	25 R	■	10	■	20
7	24	23	15	11	■	16	6	23	20	16

A B C D E F G H I̸ J K L M N O P Q R̸ S T U V W X Y Z

1	2	3	4	5	6	7	8	9	10	11	12	13
					I							

14	15	16	17	18	19	20	21	22	23	24	25	26
											R	

93

4	14	15	2	17	■	7	8	15	9	5
10 I	■	16	■	24	■	8	■	3	■	24
13	11	10	18	4	■	4	23	3	4	16
6	■	25	■	■	■	4	■	4	■	24
17	6	10	2	22	4	14	10	14	13	■
4	■	■	■	14	■	■	■	21	■	15
4	23	3	16	24	10	17	■	15	16	16
14	■	8	■	19	■	24	■	13	■	16
17	8	25	■	14	24	19	6	4	11	4
6	■	16	■	■	■	4	■	■	■	26
■	3	10	2	2 C	15	16	10	16	16	10
1	■	2	■	10	■	■	■	4	■	15
8	14	10	24	14	■	20	4	15	5	17
18	■	5	■	2	■	4	■	11	■	4
3	15	17	2	6	■	12	24	14	4	5

A B ~~C~~ D E F G H ~~I~~ J K L M N O P Q R S T U V W X Y Z

1	2	3	4	5	6	7	8	9	10	11	12	13
	C								I			
14	**15**	**16**	**17**	**18**	**19**	**20**	**21**	**22**	**23**	**24**	**25**	**26**

Moderate

94

25		17		16		16		20		5
13	9	21	6	22		18 O	21	6	22	16
21		10		13		2		10		17
10	5	25	4	6	17	2		17	17	25
13		13		12		18				17
16	6	15	17		16	8	17	17	3	16 S
22		18		11		19		24		16
	13	12	22	6	23	5	6	22	26	
13		17		1		25		6		19
10	17	9	16	6	22		5	12	9	18
6				25		17		7		12
25	13	8		6	21	3	18	5	12	9
6		13		13		18		6		17
22	18	24	6	12		11	18	16	22	16
26		26		16		14		14		22

A B C D E F G H I J K L M N ~~O~~ P Q R ~~S~~ T U V W X Y Z

1	2	3	4	5	6	7	8	9	10	11	12	13

14	15	16	17	18	19	20	21	22	23	24	25	26
		S		O								

95

	8		11		17		12		12	
9	16	9	25		9 M	17	11	17	1	
	19		3		17		17		14	
17	23	4	6	15	5		9	14	4	4
	17 A		25		2		21		11	
	12	22	15	16	17	9	14	12	13	
			3		9				16	
17	12	14	24	16		20	16	23	12	16
	11				4		9			
	23	16	21	17	10	17	19	5	16	
	16		25		21		17		3	
3	16	18	4		14	3	23	15	12	13
	3		4		12		7		15	
	16	26	16	11	4		16	20	16	23
	24		23		12		24		12	

A B C D E F G H I J K L M N O P Q R S T U V W X Y Z

1	2	3	4	5	6	7	8	9	10	11	12	13
								M				
14	**15**	**16**	**17**	**18**	**19**	**20**	**21**	**22**	**23**	**24**	**25**	**26**
			A									

Moderate

96

21	26	14	11	24	5	5	21			15
19		15		1		16		22		12
14	15	11	17	16		25	8	17	24	1
1		25		9		18		3		24
14	1	7	9		21	16	14	14	6	21 S
		14		14		14				18
24	15	1 D	14	23		18	12	13	25	21
15				12		21		17		
1	25	20	20	16	14		15	12	4	13
12		14		18		14		2		25
10	17	11	7	24		10	26	12	4	21
14		17		15		26		14		24
21			25	7	15	17	21	18	24	10

A B C ~~D~~ E F G H I J K L M N O P Q R ~~S~~ T U V W X Y Z

1 D	2	3	4	5	6	7	8	9	10	11	12	13
14	15	16	17	18	19	20	21 S	22	23	24	25	26

97

	7		25		2		11		22	
12	11	19 U	13	7	16		2	1	11	13
	4		21		5		11		1	
25	15	26	21		11	1	7	9	1	16
			8		16		9		15	
15	14	3	9	26	25		17	9	11	6
	21								10	
11	25	24	25		10	19	7	7	9	1
	18 Q		18		19		16			
18	19	9	19	9	25		22	1	19	4
	15		11		23		21		25	
25	7	9	5		9	20	21	24	9	17
	21		24		17		13		1	

A B C D E F G H I J K L M N O P Q R S T U V W X Y Z

1	2	3	4	5	6	7	8	9	10	11	12	13

14	15	16	17	18	19	20	21	22	23	24	25	26
				Q	U							

Moderate

98

When you have cracked the code and completed the grid, fill in the boxes at the bottom to reveal a measure of distance.

5	22	12	25		7	13	17	3	18	
9		6		7		18		25		14
14	22	21		18	6	5	16	9	18	5
7		8		16		20		21		18
	4	22	5	10		9	21	1	17	13
		18		17		21				18
18	6	13		20	6	9	16	12	17	23
21		18			7			6		13
24	6 A	10	10 D	9	7	2		4	17	7
18				21		18		11		
18	21	10	17	15		5	22	13	7	
12		17		6		18		5		19
16	9	26	6	5	10	7		6	14	18
18		18		10		25		4		18
	1	21	6	7	2		7	11	9	14

~~A~~ B C ~~D~~ E F G H I J K L M N O P Q R S T U V W X Y Z

1	2	3	4	5	6	7	8	9	10	11	12	13
					A				D			
14	15	16	17	18	19	20	21	22	23	24	25	26

11	9	16	17	20	18	13	5	18

99

26	20	25	5	24		10	26	22	4	10
16		15		16		16		5		22
1	16	5 L	5	14	16	6		2	1	1
24		25		22		1		26		26
26	1	22		26	15	26	23	1	26	14
		4		24		15				18
2	14	12	1		13	16	10 S	10	12	5
19		5			2			15		2
22	16	11	16	24	2		21	16	23	10
26				7		25		7		
3	2	1	10	12	16	15		18	25	10
26		2		24		9		16		8
24	12	2		22	5	12	17	25	2	11
16		4		8		6		15		5
1	12	10	4	11		10	26	20	5	11

A B C D E F G H I J K ~~L~~ M N O P Q R ~~S~~ T U V W X Y Z

1	2	3	4	5	6	7	8	9	10	11	12	13
				L					S			
14	15	16	17	18	19	20	21	22	23	24	25	26

Moderate

100

21	14	6	13	6		12	25	19	10	4
8		12		19		1		25		25
20	10	21	18	10		10	21	6	25	17
11		10				17		6		8
17	8	1	24	10	17	5	20	8	23	
15				21				6		17 N
14	17	22	20	8	10	21		6	8	8
11		25		17		8		8		1
6	25	17		10	12	20	10	6	8	6
3		6				11				19 P
	22	25	21	17	14	22	25	19	11	10
2		17		25				11		19
8	7	10	16	6		26	20	10	23	8
8		17		8		11		17		21
21	10	12	8	6		26	14	25	9	6

A B C D E F G H I J K L M N O P Q R S T U V W X Y Z

1	2	3	4	5	6	7	8	9	10	11	12	13
14	15	16	17 N	18	19 P	20	21	22	23	24	25	26

4		8		3		16		3		15
26	22	26	23	4		13	26	18	1	3
22		3		23		9		16		15
23	11	19 Q	15	5	23 R	11		4	16	23
16		15		22		24				22
16	14	11	7		3	4	26	13	1	11
4		23		15		5		15		23
	24	26	23	7	5	6	26	1	3	
3		20		24		11		1		3
4	11	11	4	17	11		11	20	5	4
5				11		3		16		26
2	16	25		24	5	4	5	12	11	7
2		15		10		16		5		12
1	5	4	17	11		22	26	7	20	26
21		3		20		3		25		3

A B C D E F G H I J K L M N O P ~~Q~~ ~~R~~ S T U V W X Y Z

1	2	3	4	5	6	7	8	9	10	11	12	13
14	**15**	**16**	**17**	**18**	**19**	**20**	**21**	**22**	**23**	**24**	**25**	**26**
					Q				R			

Moderate

■	10	■	21	■	21	■	22	■	12	■
19	1	14	1	■	17 A	21	17	4	3	■
■	13	■	9	■	19	■	23	■	17	■
13	11	22	2	3	6	■	17	14	2	7
■	26	■	13	■	13	■	14	■	16	■
■	3	25	6	9	3	2	13	15	3	■
■	■	■	9	■	22	■	■	■	14	■
15	13	11	7	9	■	22 S	6	17	22	21
■	11	■	■	■	17	■	14	■	■	■
■	5	17	26	18	20	24	24	2	22	■
■	1	■	24	■	22	■	9	■	10	■
24	14	20	22	■	26	9	13	10	1	3
■	13	■	2	■	24	■	23	■	17	■
■	11	7	9	24	11	■	13	24	2	17
■	19	■	7	■	8	■	26	■	22	■

A B C D E F G H I J K L M N O P Q R S T U V W X Y Z

1	2	3	4	5	6	7	8	9	10	11	12	13
14	15	16	17	18	19	20	21	22	23	24	25	26
			A					S				

103

21	18	23	21	9	11	10	25			12
7		26		26		4		24		25
14	18	22	22	17		7	1	26	16 D	7
24		22		12		19		9		7
17	10	19	6		11	7	8	7	15	24
		7		11		24				7
16	10 O	16	23	7		24	2	19	10	13
7				15		7		10		
12	7	20	26	7	19		2	9	26	24
18		26		18		18		7		21
12	24	2	4	3		16	7	19	5	7
24		16		24		7		18		12
12			7	12	15	2	3	2	16	7

A B C ~~D~~ E F G H I J K L M N ~~O~~ P Q R S T U V W X Y Z

1	2	3	4	5	6	7	8	9	10 O	11	12	13
14	15	16 D	17	18	19	20	21	22	23	24	25	26

	13		14		23		19		8	
11	23	16	9	22	14		26	1	16	25
	25		1		23		15		3	
4	18	7	1		25	16	25	1	9	26
			6		10		3		15	
8	1	5	1	9	14		2	16	3	14
	24								25	
20	1	14	13		21	9	4	4	2	14
	25		19		9		25			
14	13 T	25	16 A	13	16		10	23	18	17
	3		18		12		19		4	
7	4	4	17		4	10	16	11	23	1
	18		14		18		18		18	

A B C D E F G H I J K L M N O P Q R S T U V W X Y Z

1	2	3	4	5	6	7	8	9	10	11	12	13
												T
14	**15**	**16**	**17**	**18**	**19**	**20**	**21**	**22**	**23**	**24**	**25**	**26**
		A										

105

When you have cracked the code and completed the grid, fill in the boxes at the bottom to reveal something on your face.

2	26	5	6		25	11	21	23	6	
14		1		20		9		15		25
16	21	22		26	9	18	3	26	18	17
12		11		21		11		13		21 I
	11	9	14	9		10	15	5	23	18
		6		5		21				5
6	13	21		11	8	2	14	19	5	9
26		14			14			21		5
8	11	9	11	9	11	6		6	21	3 R
26				5		9		4		
3	5	10	26	3		14	9	26	6	
8		14		7		25		2		24
21	19	22	3	14	7	5		20	9	26
11		6		26		2		5		11
	19	5	6	6	12		5	2	2	12

A B C D E F G H ~~I~~ J K L M N O P Q ~~R~~ S T U V W X Y Z

1	2	3	4	5	6	7	8	9	10	11	12	13
		R										
14	15	16	17	18	19	20	21	22	23	24	25	26
							I					

19	14	26	6	18	11	10	17	5

Moderate

13	21	14	13	7	9		2	19	4	13	25	9
10		13		15		2		17		17		26
20	13	10		17	13	18	3	2		21	23	17
6				25		2		5				13
	2	20	25	10	26	9		6	23	13	17	7
2		2				12				21		26
18	25	22	12	7		13	21	7 S	2	11	12	
15				15		17		2		25		
7	25	10	21	2	20		19	20	23	9	26	7
		17		17		2		2				2
	14	12	17	8	12	24		24	23	1	21	6
13		12				16				23		7
15	2 A	21	12	7		12	22	9	12	21	9	
20				23		17		26				15
25	16	6		20	2	9	26	12		19	23	23
11		2		16		7		25		13		15
9	25	18	3	12	17		11	17	12	12	5	12

A B C D E F G H I J K L M N O P Q R S T U V W X Y Z

1	2 A	3	4	5	6	7 S	8	9	10	11	12	13
14	15	16	17	18	19	20	21	22	23	24	25	26

107

24	7	2	21	13	12	22	6	■	12	20	9	11
7	■	7	■	22	■	12	■	■	■	12	■	16
2 N	7	20	9	2	16	11	12	■	9	20	4	6
26	■	16	■	6	■	16	■	6	■	7	■	8
13	2	18	7	■	16	9	22	4	7 O	22	11	6
2	■	■	■	25	■	17	■	9	■	16	■	■
24	1	7	8	12	18	■	■	24	7	15	22	16
11	■	10	■	6	9	5	11	25	■	9	■	15
9	11	12	20	■	10	■	7	■	24	17	13	15
7	■	22	■	24	16	2	12	6	■	9	■	22
2	16	4	4	25	■	■	6	17	12	16	23	12
■	■	7	■	24	■	18	■	25	■	■	■	10
26	12	3	12	17	17	12	22	■	6	16	22	9
7	■	12	■	12	■	11	■	4	■	2	■	16
17	13	22	8	■	19	16	2	17	9	14	1	11
11	■	12	■	■	■	24	■	13	■	12	■	12
6	13	18	6	■	3	1	9	6	11	17	12	18

A B C D E F G H I J K L M ~~N~~ ~~O~~ P Q R S T U V W X Y Z

1	2 N	3	4	5	6	7 O	8	9	10	11	12	13
14	15	16	17	18	19	20	21	22	23	24	25	26

Moderate

21	24	4	20		10	11	26	10	6	4	1	24
1		14		24		26		22		21		7
18	16	15	15	8	22	2		5	21	22	9	1
16		22		13		11		5				10
20	22	7	2	16	1		23	26	25	25	1	8
20				20		24		7		10		22
24	10	17	16	24	26	7	20	25		21	24	20
15		16		7		2				24		1
		26	7	20	1	21	3	26	1	19		
24		1				26		8		15		24
8	22	20		26	15	15	7	1	25	25	1	25 S
21		15		10		14		7				25
22	12	14	2	1	7		25	20	26	2	23	24
26				18		24		26		21		25
20	11	14	23	1		8	26	5	5	1	21	25
15		22		21		8		14		1		26
14	22	16	7 N	2	1	25	20		25	20	16	7

A B C D E F G H I J K L M ~~N~~ O P Q R ~~S~~ T U V W X Y Z

1	2	3	4	5	6	7 N	8	9	10	11	12	13
14	15	16	17	18	19	20	21	22	23	24	25 S	26

109

17	4	15	16	22	2	15	16		21 B	15	21	14
	5		2		25		2		13		13	
5	1	16	25	2	22		25	9	9	8	24	10
	8		6		11		10		9		26	
4	15	19	8	11		2	13	24	15	7	15	14
	10		17		18		17		4		4	
2	8	11	22	2	5	17	22		25	21	25 O	8
			25		24		5				7	
23	8	8	2	8	10		23	15	24	5	11	18
	3				12		5		8			
11	22	25	16		13	24	22	25	7	15	2	10
	2		5		15		14		11		8	
23	8	2	26	8	2	11		16	15	10	10	14
	1		11		22		5		26		13	
18	8	17	20	4	8		10	2	8	24	17	18
	4		5		2		25		24		8	
18	14	1	24		11	25	4	5	22	13	10	8

A ~~B~~ C D E F G H I J K L M N ~~O~~ P Q R S T U V W X Y Z

1	2	3	4	5	6	7	8	9	10	11	12	13
14	15	16	17	18	19	20	21	22	23	24	25	26
							B				O	

Moderate

21	19	21	24	22	13	19	19		1	22	26	1
	10		25		14		10		20		25	
24	17	19	1	24	1		3	15	14	10	10	16
	12		13		24		17		17		1	
9	22	17	10	1		1	13	22	10	7	19	11
	11		25		21 C				11		23	
24	17	15	15	6	19	16	1		17	19	23	1
		22			3		23		23		25	
24	19	18	13	19	18		22	23	12	25	15	1
	8		10		25		10			22		
12	25	23	25		3	19 O	15	15	22	10	7	1
	10		22				1		3		25	
15	25	17	1	14	10	25		8	22	15	8	25
	2		14		19		20		23		22	
5	25	22	10	13	16		14	23	7	14	15	16
	10		25		22		17		19		14	
1	13	17	10		15	19	4	25	23	12	25	1

A B ¢ D E F G H I J K L M N Ø P Q R S T U V W X Y Z

1	2	3	4	5	6	7	8	9	10	11	12	13
14	15	16	17	18	19 O	20	21 C	22	23	24	25	26

111

14	8	7	25	8	10		17	24	25	20	10	21
25		20		26		23		25		15		18
13	25	13		15	22	20	12	18		13	20	22
1				12		3		22				15
	8	13	13	18	4	18		22	15	12	18	16
14		25				15				20 I		2
18	4	3	10	8		25	13	21	8	17	1	
18				26		17		25		20		
10	20	26	26	15	13		7	22	20	3	6	5 H
		22		25		26		6				20
	23	20	17	3	15	22		5	8	6	1	17
18		3				15				8		17
19	25	9	9	2		17	24	25	8	10	18	
19				8		17		13				17
15	25	3		11	15	15	18	16		16	20	23
10		8		13		21		18		18		10
3	5	10	25	17	3		26	10	8	11	13	2

A B C D E F G ~~H~~ ~~I~~ J K L M N O P Q R S T U V W X Y Z

1	2	3	4	5	6	7	8	9	10	11	12	13
				H								

14	15	16	17	18	19	20	21	22	23	24	25	26
						I						

Moderate

When you have cracked the code and completed the grid, fill in the boxes at the bottom to reveal a direction.

26 C	19	9	16	9	25	11	1		3	1	4	21
18		24		19		24				8		18
12	10	24	5	18	4	9	24		10	23	1	8
23		1		24		16		12		1		1
1	11	19	18		19	1	15	18	9 I	24	1	5
24				18		5		11		3		
3	25	11	9	19	1			3	13	9	12	23
10		24		17	10	7	7	22		20		9
16	10	26	16		3		18		26	1	5	1
1		18		12	1	16	19	1		4		26
3	1	24	3	1			1	24	2	22	12	1
		3		16		19		5				6
15	18	26	13	1	22	1	5		1	26	14	18
10		9		19		23		21		14		19
26	18	18	3		14	10	4	4	12	10	19	13
13		11				9		10		21		1
3	10	3	14		16	19	10	24	3	21	1	19

A B C̸ D E F G H I̸ J K L M N O P Q R S T U V W X Y Z

1	2	3	4	5	6	7	8	9 I	10	11	12	13
14	15	16	17	18	19	20	21	22	23	24	25	26 C

24	18	19	16	14	1	10	3	16

3	16	17	8	■	22	21	21	3 E	8	21	3	2
24	■	10	■	9	■	10	■	8	■	4	■	6
1	3	7	13	5	7	20	■	11	5	3	8	21
10	■	22	■	10	■	8	■	5	■	■	■	14
7	3	16	22	20	8	■	23	6	21	8	14	4
21	■	■	■	22	■	14	■	7	■	21	■	6
3	24	1	22	19	8	6	18	3	■	10	25	19
7	■	10	■	14	■	21	■	■	■	1	■	12
■	■	25	22	20	16	22	20	6	19	12	■	■
14	■	2	■	■	■	2	■	21	■	22	■	25
22	21	3	■	9	3	3	23	3	3	1 P	3	7
19	■	7	■	3	■	16	■	17	■	■	■	10
18	10	20	22	12	3	■	21	6	3	1	6	19
22	■	■	■	10	■	5	■	8	■	7	■	12
8	3	2	22	19	■	8	4	3	7	6	15	15
3	■	20	■	6	■	3	■	2	■	26	■	5
8	21	3	25	22	7	2	8	■	20	3	16	16

A B C D ~~E~~ F G H I J K L M N O ~~P~~ Q R S T U V W X Y Z

1 P	2	3 E	4	5	6	7	8	9	10	11	12	13
14	15	16	17	18	19	20	21	22	23	24	25	26

Moderate

5	18	18	5	22	14	22	6 T		21	26	20	23
	21		22		26		11		3		23	
10	26	23	13	14	20		21	11	21	3	26	14
	21		14		14		5		20		14	
25	11	23	22	10		21	26	16	19	14	18	9
	5		6		1		3		14		22	
19	21	3	5	6	12	21	26		8	11	5	4
			22 N		21		21				20	
11	5	22	10	14	8		17	5	4	4	14	11
	22				11		5		26			
20	6	21	10		21	22	22	12	21	26	26	9
	14		11		4		10		16		12	
10	11	23	12	16	19	9		3	14	22	16	19
	24		2		23		20		18		15	
8	14	21	2	14	22		4	11	14	2	5	7
	16		26		5		21		22		14	
20	6	21	9		16	12	11	21	6	23	11	20

A B C D E F G H I J K L M N O P Q R S T U V W X Y Z

1	2	3	4	5	6 T	7	8	9	10	11	12	13
14	15	16	17	18	19	20	21	22 N	23	24	25	26

15	13	8	2	16	22	25	12	■	26	25	14	22
■	6	■	13	■	13	■	16	■	6	■	16	■
4	25	12	12	25	6	■	15	25	16	8	2	25
■	2	■	1	■	17	■	20	■	14	■	16	■
12	22	16	22	25	■	2	16	6	12	1	15	12
■	13	■	22	■	12	■	■	■	16	■	25	■
5	16	19	1	4	13	6	8	■	5	1	11	25
■	■	16	■	■	25	■	2	■	26	■	13	■
3	25	2	12	25	12	■	13	6	12	25	5	22
■	10	■	6	■	22	■	25	■	■	2	■	■
4	9	11	1	■	16	11	3	1	5 C	16	5	17
■	25	■	18	■	■	■	25	■	1	■	1	■
25	2	16 A	12	25	2	12	■	23	9	6	6	17
■	2	■	7	■	25	■	24	■	6	■	22	■
3	13	8	1	9	2	■	25	21	5	25	25	11
■	25	■	25	■	9	■	12	■	13	■	21	■
16	12	26	12	■	6	1	22	25	4	25	22	12

~~A~~ B ~~C~~ D E F G H I J K L M N O P Q R S T U V W X Y Z

1	2	3	4	5	6	7	8	9	10	11	12	13
				C								
14	**15**	**16**	**17**	**18**	**19**	**20**	**21**	**22**	**23**	**24**	**25**	**26**
		A										

Moderate

3	19	22	10	■	15	19	10	■	19	5	13	6
13	■	■	16	13	14	■	4	13	24	■	■	13
21	23	21	4	■	19	■	19	■	2	2	7	13
14	■	■	2 O	20	10	6	2	2	4	■	■	3
10	16	21	12	■	■	4	■	■	9	21	11	22
■	■	18	■	21	17	2	2	10 T	■	5	■	■
11	2	22	13	6	■	12	■	4	20	4	21	25
22	■	5	■	6	13	14	22	13	■	2	■	20
21	8	2	■	4	■	■	■	22	■	18	20	14
25	■	14	■	13	26	13	4	10	■	21	■	5
3	2	6	13	22	■	1	■	25	21	10	5	16
■	■	13	■	22	11	20	3	13	■	19	■	■
18	20	6	22	■	■	21	■	■	22	5	21	14
20	■	■	10	21	18	25	13	21	20	■	■	13
3	13	14	20	■	2	■	6	■	11	19	25	13
11	■	■	17	25	9	■	6	20	13	■	■	6
22	20	4	17	■	22	16	9	■	4	20	18	9

A B C D E F G H I J K L M N Ø P Q R S T̸ U V W X Y Z

1	2 O	3	4	5	6	7	8	9	10 T	11	12	13
14	15	16	17	18	19	20	21	22	23	24	25	26

117

17	21	17	16	18	5 S		10	25	12	7	6	24
	6		22		20		25		10		25	
16	14	22	4		6	14	25		2	6	26	26
	22				15						10	
18	14	22	18		4	17	2		23	22	13	5
			17		19		15		22			
17	5	5	15	9 Y	5		7	10	25	10	25	1
	16						23		18		15	
21	22	9	5		18	14	9		11	10	3	17
	12		19		4						15	
22	12	12	10	16	17		13	6	26	26	7	17
			8		17		15		22			
22	11	23	5		18	15	1		22	14	2	5
	17						17				14	
5	25	15	1		13	17	15		4	11	10	13
	25		25		15		25		11		25	
23	15	25	6	15	7		18	11	22	6	1	11

A B C D E F G H I J K L M N O P Q R ~~S~~ T U V W X ~~Y~~ Z

1	2	3	4	5 S	6	7	8	9 Y	10	11	12	13
14	15	16	17	18	19	20	21	22	23	24	25	26

Moderate

■	1	20	20	23	■	4	25	14	12	13	5	■
26	■	14	■	22	■	25	■	22	■	4	■	12
12	14	14	4	8	18	10	■	1	20	23	4	1
9	■	2	■	22	■	4	■	6	■	4	■	1
22	2	6	18	17	■	17	20	2	18	7 T	7	18
13	■	20	■	4	17	18	■	4	■	4	■	2
19	6	20	7	20	■	1	17	12	16	12	7	2
■	■	7	■	22	■	7	■	■	4	■	■	18
12	2 S	2	18	2	2	■	1	6	12	25	7	2
25	■	■	13	■	■	17	■	12	■	20	■	■
10	4	16	22	23	26	18	■	25	20	7	18	2
17	■	4	■	4	■	2	12	10	■	4	■	22
20	3	23	4	21	22	18	■	4	25	14	18	17
4	■	23	■	22	■	17	■	24	■	5	■	18
10	17	12	19	18	■	16	4	20	23	4	25	2
2	■	26	■	22	■	18	■	17	■	25	■	7
■	15	18	18	17	18	10	■	11	18	26	2	■

A B C D E F G H I J K L M N O P Q R ~~S~~ ~~T~~ U V W X Y Z

1	2 S	3	4	5	6	7 T	8	9	10	11	12	13
14	15	16	17	18	19	20	21	22	23	24	25	26

119

When you have cracked the code and completed the grid, fill in the boxes at the bottom to reveal an animal.

24	■	24	■	15	■	24	■	15	■	24	■	2
13	15	1	3	25	15	18	4	22	■	17	9	3
11	■	3	■	19	■	4	■	25	■	18	■	11
25	15	2	2	4	■	25	3	3	10	4 I	1	9
24	■	■	■	22	■	6	■	2	■	■	■	14
■	26	15	22	14	19	■	2	15	1	20	3	24
11	■	1	■	3	■	9	■	19	■	11	■	■
24	19	15	25	6	17	25	24	■	15	7	7	24 S
17	■	16	■	17	■	3	■	15	■	9	■	4
25	15	26	24	■	5	11	4	19	19	4	1	9
■	■	24	■	24	■	13	■	19	■	1	■	14
17	1	19	15	4	16	■	1	17	4	9	14	■
8	■	■	■	21	■	6	■	1	■	■	■	23
14	3	25	4	21	3	1	■	19	3	3	19	14
15	■	15	■	16	■	15	■	4	■	15	■	4
16	17	9	■	17	8	22	15	12	15	19	17	24
17	■	17	■	24	■	6	■	17	■	14	■	6

A B C D E F G H ~~I~~ J K L M N O P Q R ~~S~~ T U V W X Y Z

1	2	3	4	5	6	7	8	9	10	11	12	13
			I									
14	**15**	**16**	**17**	**18**	**19**	**20**	**21**	**22**	**23**	**24**	**25**	**26**
										S		

3	25	15	1	9	11	19	15	1

Moderate

2		25		3		4		2		24		15
4	26	10	21	19	10	26	11	4	2	10	1	23
6		22		16		8		10		11		10
22	3	22	16	1		18	26	9	3	18	26	15
4		1				10		11		12		
12	10	10	25	26	10	11	11		17	10	11	22 T
		15		10		22		24				7
13	16	24	5	10		11	8	18	10	10	20	10
18 U		18		15				11		6		14
14	10	12	16	1	10	11		22	24	3	18	22
14				10		10		4		1		
11	18	12	11		13	24	3	6	6	3	1	4
		4		4		2				5		26
3	24	5	16	26	20	16		19	7	4	16	1
26		7		6		26		3		11		16
18	26	22	24	18	11	22	9	3	24	22	7	23
11		23		24		11		24		11		11

A B C D E F G H I J K L M N O P Q R S ~~T~~ ~~U~~ V W X Y Z

1	2	3	4	5	6	7	8	9	10	11	12	13
14	15	16	17	18	19	20	21	22	23	24	25	26
				U				T				

2	19	8	18	2	12	8	18	■	15	20	8	13
1	■	12	■	1	■	18	■	■	■	15	■	15
22	1	1	14	12	8	2	18	■	2	18	13	19
1	■	5	■	12	■	8	■	21	■	17	■	8
17	12	8	8	■	19	8	21	10	15	19	8	20
17	■	■	■	9	■	26	■	13	■	10	■	■
13	18	15	20	8	18	■	■	19	15	9	18	8
9	■	9	■	16	13	15	18	2	■	2	■	11
15	1	2	13	■	17	■	5	■	5	12	1	5
9	■	19	■	24	1	14	8	20	■	8	■	19
17	12	13	25	8	■	■	20	19	10	20	17	8
■	■	23	■	13	■	20	■	24	■	■	■	18 S
15	9	2 T	8	19	7	13	12	■	3	13	16	18
20	■	13	■	9	■	4	■	15	■	10	■	15
12	1	22	18	■	6	12	13	26	15	9	17	1
8	■	12	■	■	■	15	■	5	■	2	■	9
20	13	24	18	■	22	13	18	18	15	18	2	18

A B C D E F G H I J K L M N O P Q R ~~S~~ ~~T~~ U V W X Y Z

1	2	3	4	5	6	7	8	9	10	11	12	13
	T											
14	15	16	17	18	19	20	21	22	23	24	25	26
				S								

16	17	23	1	7	19		3	6	23	8	8	19
	18		4		22		12		26		18	
20	15	16	22		4	23	26		15	13	18	10
			22						12		13	
22	24	20	10	22	16		17	12	1	1	18	26
	18				26		12				25	
16	4	23	6	13 L	23	26	25		16	20	19	16
	22		18		15		16		14			
3	13	18	12	6				4	23	16	15	16
			26		17		26		6		20	
3	22	22	10		20	2	12	20	1	23	5	16
	9				26		17				22	
20	15	20	1	7	19		21	6	20	26	10	16
	13		20						5			
5	18 O	20	9		1	23	15		1	18	18	13
	6		22		18		23		18		20	
11	22	6	16	22	19		15	12	6	23	3	19

A B C D E F G H I J K ~~L~~ M N ~~O~~ P Q R S T U V W X Y Z

1	2	3	4	5	6	7	8	9	10	11	12	13
												L
14	15	16	17	18	19	20	21	22	23	24	25	26
				O								

20	3	23	23	11	12	20	3		20	19	16	9
16		10		16		17				7		7
24	7	1	22	2	4	22	10		16	21	23	4
12 I		23		19		12		26		12		23
15	22	15	20		22	4	24	23	7	15	23	15
12				13		19		24		23		
8	7	26	12	7	24			24	22	2	26	3
18		16		1	7	4	13	16		10		7
12	4	4	20		2		16		8	12	25	25
4		5		20	14	22	24	24		20		7
6	23	23	20	23			19	7	2	19	7	2
		4		12		20		1				15
17	22	12	25	25 Z	12	4	6		3	7	24	16
22		23		23		23		23		24		22
12	16	4	20		15	23	11	22	19	12	23	20
11		26				25		2		1		24
20	3	23	15		15	23	19	16	21	12	8	18

A B C D E F G H ~~I~~ J K L M N O P Q R S T U V W X Y ~~Z~~

1	2	3	4	5	6	7	8	9	10	11	12 I	13
14	15	16	17	18	19	20	21	22	23	24	25 Z	26

Moderate

9	8	11	15		18	8	15	11	15	1	3	11
7		13		5		9		1		26		3
17	1	8	19	14	25 N	2		6	9	18	5	25
18		1		19		7		1				18
8	25	15	14	26	3		18	9	14	2	14	25
11				6		25		14		18		3
7	21	1	4 M	14	25	7	7	11		9	8	4
26		16		9		8				14		11
		7	19	7	22	15	18	9	1	19		
23		9				9		7		19		8
19	18	15		23	19	1	22	10	12	1	22	10
18		7		1		19		14				8
5	14	26	7	19	3		1	25	14	4	1	19
19				1		20		26		8		7
1	24	9	18	25		14	19	19	7	2	1	19
4		8		22		25		7		2		7
24	9	7	11	7	25	22	7		26	3	7	11

A B C D E F G H I J K L M N O P Q R S T U V W X Y Z

1	2	3	4 M	5	6	7	8	9	10	11	12	13
14	15	16	17	18	19	20	21	22	23	24	25 N	26

125

5	21	15	14	17	18	9	26		18	12	2	5
8		5		5		7				12		21
13	18	13	22	21	7	2	6		13	5	12	15 C
14		2		9		6		12		4		14
4	26	5 A	12		5	17	24	22	15	5	13	26
5	4	16				22		25				13
	7		17		22	4	7	13		11	22	3
18	21	6	7	2	6			7		22		16
2			8		12	22	24	26		7		7
15	21	26	15	14	26		7	21	22	2	7	15
22		20		18	8	26	8		18			5
2		7		8			13	14	21	7	12	12
24	26	13		13	18	23	5		8		22	
7				12		21				16	18	13
2	22	23	12	26	4	5	2		17	5	13	5
15		5		17		24		19		6		8
7	21	7	8		25	5	23	18	12	22	18	8
2		10				17		5		17		26
6	21	26	1		16	22	2	3	13	5	7	12

~~A~~ B ~~C~~ D E F G H I J K L M N O P Q R S T U V W X Y Z

1	2	3	4	5 A	6	7	8	9	10	11	12	13
14	15 C	16	17	18	19	20	21	22	23	24	25	26

Moderate

126

When you have cracked the code and completed the grid, fill in the boxes at the bottom to reveal a fruit.

13	20	18	17	13		14	21	12	12	21	8	
4		25		22		11		20		3		11
5	7	21		15	13	10	15	13	1	13	20	8
13		13		23		21		3		7		18
22	11	2	19	21	7		6	18	3	11	13	23
11				22		8				3		
25	15 H	13	23	11	25	21		9	20	21	7	15
		12		25		9		11				11
13	25	15	21		22	21	16	22	12	18	18	24
23		18		10		2		7		10		21
12	5	20	19	5	2	8 D	26		17	21	7	7
5				20		21		5		20		
17	13	6	18	20		20	13	2	7	13	25	24
		13				7		14				11
21	16	25	21	10	22		12	18	22	22	18	17
14		24		21		23		20		5		18
21	16	10	21	25	22	13	2	22		2	5	2
7		18		13		3		15		21		18
	7	22	13	2	1	13		26	13	20	8	7

A B C ~~D~~ E F G ~~H~~ I J K L M N O P Q R S T U V W X Y Z

1	2	3	4	5	6	7	8 D	9	10	11	12	13
14	15 H	16	17	18	19	20	21	22	23	24	25	26

Moderate

128

11	18	8	24	20	10	12			16		15	
	3		8		3		16	26	25 U	19	20	22
5	22	25	19	21	24		20		22		24	
	2				17	8	24	20	22	8	19	14
11	20	5	20		26		9		9		26	
20			16	3	3	19	11		3	7	20	22
5	20	26	16		24		19		23			20
	18		3		19	26	20	7	21	11	19	14
17	22	20	19	11			24		11		12	
	3				20	8	9				26	
	15		26		10			11	6	25	8	16
3	16	1	21	10	19	21	9		25		7	
9			17		8		3		20	4	21	11
9	3	9 D	3		7	3	13	21	9			25
	24		26		8		24		11	21	13	24
5	22	8	15	18	11	21	11				8	
	8		21		19		8	24	17	25	11	21
11	24	3	26	21	11		23		22		21	
	21		11			26	21	6	25	8	26	21

A B C ~~D~~ E F G H I J K L M N O P Q R S T ~~U~~ V W X Y Z

1	2	3	4	5	6	7	8	9	10	11	12	13
								D				
14	15	16	17	18	19	20	21	22	23	24	25	26
											U	

129

		25	3	10	14	22	26	19	4	14		
	16		14		25		15		19		13	
8	19	5	22	14	9		6	25	9	8	16	11
	7		14		26				17		17	
9	17	8	18		20	15	15	3	16	17	8	1
	15		26		11		17		14			
24	9	17	19	26		1	26	25	5	12	25	1
			15		18		3		22		16	
1	22	14	5	25	9	19	15		14	4	19	16
	15				15		15				2	
26	9	17	14		20 H	25	9	25	1 S	1	14	1
	25		23		19		1		7			
18	16	25	22	14	21	15		26	17	21	21	11
			17		19		21		25		17	
22	25	1	1	14	26	26	14		3	19	16	16
	6		25				16		9		13	
22	25	9	21	15	5		19	9	15	5	14	3
	11		16		19		14		5		1	
		10	14	16	16	11	24	19	1	20		

A B C D E F G ~~H~~ I J K L M N O P Q R ~~S~~ T U V W X Y Z

1	2	3	4	5	6	7	8	9	10	11	12	13
S												
14	15	16	17	18	19	20	21	22	23	24	25	26
						H						

Moderate

130

22	16	18	18	9	8		22	26	19	18	4	25 W
16		15		11				4		7		15
2	26	9	1	16	9		11	16	9	22	10	7
2		19		22	11	9	19	15		2		8
16	8	18	4		20		22		2	4	15	13
11			24		19	17	24		19			10
20	19	15	24	9	15		7	6	8	7	24	9
	18		9		6		3		19		26	
19	12	19	15		4	3	3		10	4	25	22
	4					4					19	
1	16	7 I	24		17	9	25		17	7	2	13
	15		16		9		19		7		13	
22	8	4	15	9	15		7	11	17	4	22	9
2			8		17	4	24		9			21
26	19	11	22		10		7		22	4	19	17
7		19		20	9	7	8	6		5		15
22	14	8	24	19	21		6	15	4	4	23	9
11		6		10				7		8		22
22	2	4	25	10	22		22	24	9	9	17	22

A B C D E F G H ~~I~~ J K L M N O P Q R S T U V ~~W~~ X Y Z

1	2	3	4	5	6	7 I	8	9	10	11	12	13
14	15	16	17	18	19	20	21	22	23	24	25 W	26

131

19	20	8	23		1	16	16	6		13	14	11
22		26		21 O		5		3		15		13
21	15	16	22	9	3	16		8	22	20	10	10
23		14		9		14		8		13		13
16	23	11	7	20	24		21	5	14	23	16	22
14				23		2				21		9
2	3	16	22	5		3	7	9	16	22	19	21
3		26				20		22				3
16	7	9	16	4	20	24		13	18	26	16	14
		16		16		25		17		21		
23	20	22	16	9 D		14	3	7	22	21	21	8
21				20		13				25		26
3	7	24	11	13	20	7		16	7	14	3	16
24		3				9		18				18
11	13	22	9	26	5		24	11	20	26	26	20
9		12		20		14		3		16		23
21	6	20	3	4		23	20	4	6	13	7	20
17		7		16		21		16		15		4
7	13	19		14	13	6	14		24	16	9	16

A B C ~~D~~ E F G H I J K L M N ~~O~~ P Q R S T U V W X Y Z

1	2	3	4	5	6	7	8	9	10	11	12	13
								D				
14	15	16	17	18	19	20	21	22	23	24	25	26
							O					

Moderate

7	20	1	14	18	25		17	6 O	5	12	16	6
	6		5		15		7		4		6	
10	19	14	9		14	10	20		24	18	6	23
	7				14						3	
1	12	10	15		21	7	17		24	4	1	13
			14		14		10		18			
1	3	7	2	14	15		15	14	10	18	8	1
	7						20		5		10	
1	22	10	24		10	5	13		9	15	7	17
	7		10		2						21	
17	1	13	12 C	16	14		4	5	7	1	14	19
			3		15		5		15			
6	5	4	1		20	16	14		3	7	12	3
	14						11				6	
8	14	8	6		23	5	4		23	4	5	1
	9		10		10		10		7		23	
4	1	4	15	17	1		18	6	23	26	10	8

A B ~~C~~ D E F G H I J K L M N ~~O~~ P Q R S T U V W X Y Z

1	2	3	4	5	6	7	8	9	10	11	12	13
					O						C	
14	15	16	17	18	19	20	21	22	23	24	25	26

133

When you have cracked the code and completed the grid, fill in the boxes at the bottom to reveal something dangerous.

17	3	8	20	24		18	3	2 F	17	10	14	18
1		3		10		20		3		16		17
10	16	8	22	5	10	13		5	10	17	5	3
25		7		3				10		10		1
21	3	25	17		2	20	22	25	22	14	26	18
10		20		18		4		10		18		
	12	5	20	12	15	22	14	26		22	12	10
18				20		18				21		20
17	7	17	3	5		18	10	9	7	10	25	18
20		5		20				7		25		22
12	25	7	23	23	10	13		22	13	6	25	25
15		18				22		25				6
18	22	17		22	14	21	3	25	21	10	18	
		1		14		10		18		4		19
8	5	3	2	2	10	5	18		17	3	2	7
10		5		10				20		17		13
20	25	17	20	5 R		19	20	23	23	22	14	26
12		11		14		7		7		3		10
11	20	6	25	3	2	17		17	7	14	10	13

A B C D E ~~F~~ G H I J K L M N O P Q ~~R~~ S T U V W X Y Z

1	2 F	3	4	5 R	6	7	8	9	10	11	12	13
14	15	16	17	18	19	20	21	22	23	24	25	26

9	7	22	12	15	18	20	14	13

Moderate

134

21	12	25	15	23	12	19	3		12	10	19	22
18		1		22		5				5		10
12	10	12	14 G	1	12	24	16		19	1	22	5
4		14		15		21		19		19		1
3	23	14	7		11	5	18	22	16	2	3	23
1	12	7				18		14				22
	8		14		3	12	25	2		13	12 A	10
20	10	9	12	22	1			19		3		12
10			18		1	5	16	3		10		19
11	5	19	12	19	5		8	1	22	19	2	3
18		3		12	1	3	12		1			18
3		26		10			21	1	5	5	23	7
12	9	19		10	22	11	16		10		5	
16				22		5				7	5	20
12	1	23	3	10	19	18	7		2	5	1	10
10		1		14		18		6		23		22
19	5	5	18		17	20	22	3	19	3	16	19
18		5				19		3		18		3
7	5	18	15		23	3	9	1	5	16	19	16

A B C D E F G H I J K L M N O P Q R S T U V W X Y Z

1	2	3	4	5	6	7	8	9	10	11	12	13
											A	
14	**15**	**16**	**17**	**18**	**19**	**20**	**21**	**22**	**23**	**24**	**25**	**26**
G												

135

7	■	25	■	5	■	2	21	7	■	15	■	■
26	3	4 O	13	22	25	21	■	17	24	6	8	13
21	■	8	■	6	■	24	■	2	■	16	■	23
17	22	13	21	3	■	26	6	25	5	22	24	24
6	■	■	13	■	■	7	■	15	■	17	■	24
21	20	22	13	24	21	■	26	21	21	14	21	19
7	■	21	■	22	■	25	■	■	3	■	■	4
■	12	3	4	17	21	3	■	18	22	24	25	1
8	■	4	■	11	■	22	■	3	■	6	■	21
22	7	7	■	23	20	17	24	21	■	7	6	3
9	■	4	■	21	■	25	■	22	■	26	■	7
6	19	24	21	3	■	4	23	25 T	18	6	25	■
8	■	■	12	■	■	3	■	15	■	20	■	22
6	19	6	4	8	7	■	18	21	19	12	21	19
7	■	20	■	4	■	22	■	■	23	■	■	15
6	20	10	6	25	21	7	■	17	4	26	7	21
20	■	21	■	6	■	7	■	4	■	3	■	3
12	23	7	25	4	■	21	9	26	24	4	19	21
■	■	25	■	20	23	25	■	2	■	26	■	7

A B C D E F G H I J K L M N Ø P Q R S T̸ U V W X Y Z

1	2	3	4	5	6	7	8	9	10	11	12	13
			O									
14	15	16	17	18	19	20	21	22	23	24	25	26
											T	

Moderate

3	25	16	12	1		19	23	17	12	16	19 S	
13		18		13		23		5		17		25
9	16	20		8	1	12	10	24	12	26	4	19
16		12		17		5		18		12		17
13	5	1	17	21	19		17	20	17	1	13	9
8				13		17				1		
8	1	25	3	3	18	22		15	25	19	21	20
		5		17		10		18				18
12	16	21	20		16	17	14	18	1	21	17	9
3		13		2		16		9		18		17
12	9	17	7	25	12	21	17		18	10	12	1
6				21		13		11		13		
17	24	17	26	21		19	21	18	13	26	12	1
		22				17		5				18
16	18	26	4	17	21		19	17	23 W	13	5	15
13		25		1		19		20		5		2
3	13	19	7	25	18	21	17	9		12	15	18
19		17		9		25		17		5		18
	12	9	14	17	16	2		23	11	17	1	4

A B C D E F G H I J K L M N O P Q R S T U V W X Y Z

1	2	3	4	5	6	7	8	9	10	11	12	13
14	15	16	17	18	19 S	20	21	22	23 W	24	25	26

15	18	24	7	8	24	14			8		18	
	24		6		16		23	14	26	26	8	4
1	4	6	7	7	6		13		20		23	
	16				9	13	24	15	18	24	2	5
7	24	18	9		24		21		24		6	
14			4	6	21	8	6		17	2	5	9
20	8	24	14		6		11		6			6
	5		26		23	18	2	26 M	5	8	23	23
23 S	18	6	20	23			5		23		25	
	2				3	14	1				14	
	23		23		14			24	12	12	2	22
8	7	9	13	2	5	1	23		2		20	
18			4		9		2		12	14	23	23
19	2	11	2		7	8	26	15	7			2
	7		8		2		14		10	24	4	5
20	24	5	19	4	6	18	18				6	
	18		2		5		24	18	18	6	11	23
1	2	24	5	7	23		7		8		8	
	9		1			7	8	22	7	14	4	8

A B C D E F G H I J K L M N O P Q R S T U V W X Y Z

1	2	3	4	5	6	7	8	9	10	11	12	13
14	15	16	17	18	19	20	21	22	23 S	24	25	26 M

Moderate

		5	10	16	17	5	9	2	16	15		
	24		16		1		25		5		10	
20	2	22	22	17	3		9	5	26	3	17	22
	13		5		17				21		8	
8	2	7	21		10	26	7	8	10	25	7	16
	2		18		16		21		19			
11	22	7	24	10		10	11	15	5	5	1	10
			5		3		7		1		7	
7	21	17	23	9	17	22	16		4	7	16	17
	25				10		7				15	
7	3	5	1 L		16	25	21	18	10	16	17	21
	18		2		22		18		2			
22	17	2	11	16	5	22		25	1	11	17	22
			12		14		2		6		23	
24	17	12	25	17	10	16	10		2	9	9	10
	16		17				10		18		17	
10	11	5	22	21	10		7	11 C	7	11	1	17
	15		17		9		10		21		10	
		2	3	6	2	21	16	2	18	17		

A B ~~C~~ D E F G H I J K ~~L~~ M N O P Q R S T U V W X Y Z

1	2	3	4	5	6	7	8	9	10	11	12	13
L										C		
14	**15**	**16**	**17**	**18**	**19**	**20**	**21**	**22**	**23**	**24**	**25**	**26**

139

24	12	6	13	9	12	■	8	24	12	6	12	24
12	■	2	■	2	■	■	■	15	■	13	■	12
8	2	15	4	13	12	■	17	1	9	23	15	2
24	■	8	■	12	10	21	7	2	■	9	■	15
7	13	17	21	■	26	■	3	■	25	1	23	10
7	■	■	1	■	1	24	12	■	12	■	■	12
6	13	18	9	12	17	■	20	7	24	24	1	18
■	23	■	12	■	12	■	7	■	19	■	23	■
17	21	1	24	■	18	12	11	■	17	15	17	20
■	24	■	■	■	■	3	■	■	■	■	13	■
4	13	1	22	■	14	13	5	■	8	15	2	3
■	21	■	7	■	15	■	15	■	1	■	15	■
26	20	1 I	23	21	22	■	11	1	22 Z	15	24	18
20	■	■	12	■	7	11	23	■	22	■	■	24
15	24	21	17	■	7	■	1	■	15	24	1	15
8	■	24	■	17	19	13	23	19	■	20	■	13
8	2	15	17	3	15	■	9	1	16	1	23	9
12	■	11	■	13	■	■	■	21	■	23	■	20
18	12	2	13	9	12	■	12	17	26	7	24	21

A B C D E F G H ~~I~~ J K L M N O P Q R S T U V W X Y ~~Z~~

1 I	2	3	4	5	6	7	8	9	10	11	12	13
14	15	16	17	18	19	20	21	22 Z	23	24	25	26

Moderate

140

When you have cracked the code and completed the grid, fill in the boxes at the bottom to reveal place to live.

7	15 O	24	13	■	11	3	2	23	■	23	11	1
14	■	15	■	20	■	9	■	13	■	10	■	23
13	5	12	23	11	9	6	■	13	19	23	3	22
14	■	8	■	3	■	23	■	3	■	21	■	7
8	12	16	14	13	7 M	■	20	10	22	3	25	23
1	■	■	■	13	■	14	■	■	■	11	■	8
15	16	16	11	10	■	8	15	25	23	11	23	25
22	■	15	■	■	■	3	■	3	■	■	■	23
7	14	8	14	9	3	21	■	11	14	17	14	16
■	■	15	■	12	■	14	■	11	■	15	■	■
24	12	22	23	22	■	11	3	10	23	25	25	23
3	■	■	■	14	■	14	■	■	■	23	■	4
19	15	22	18	15	12	25	■	13	24	22	3	25
8	■	12	■	■	■	10	■	9	■	■	■	22
13	12	8	16	22	10	■	7	15	13	5	12	23
6	■	16	■	12	■	3	■	12	■	12	■	7
15	21	15	23	13	■	25	23	22	7	14	8	14
24	■	19	■	25	■	15	■	13	■	25	■	13
13	15	8	■	10	3	7	13	■	26	23	13	25

A B C D E F G H I J K L ~~M~~ N ~~O~~ P Q R S T U V W X Y Z

1	2	3	4	5	6	7 M	8	9	10	11	12	13
14	15 O	16	17	18	19	20	21	22	23	24	25	26

22	23	13	14	16	23	8	9	23

Difficult Codewords

141

12	19	14	12	8	11	■	20	18	21	12	15	3
■	15	■	20	■	15	■	18	■	14	■	12	■
6	12	5	12	11	18	15	13	■	12	22	3	25
■	17	■	3	■	9	■	2	■	15	■	22	■
25	3	19	25	■	8	17	9	4	4	26	18	16
■	22	■	10	■	25	■	■	■	■	■	12	■
2	6	12	13	25	15	■	8	1	25	11	20	14
■	18	■	■	■	■	■	12	■	7	■	11	■
8	23	9	12	3	15	18	17	■	25	2	22	20
■	9	■	24	■	18	■	20	■	20	■	5	■
10	25	17	9	■	18	9	11	8	11	15	22	2
■	17	■	15	■	10	■	9	■	18	■	11	■
8	11	25	25	6	13	■	10	12	15 R	11	13	15

A B C D E F G H I J K L M N O P Q ~~R~~ S T U V W X Y Z

1	2	3	4	5	6	7	8	9	10	11	12	13
14	15 R	16	17	18	19	20	21	22	23	24	25	26

3	11	19	17	12	22	11	■	8	24	16	26 O	3
26	■	26	■	17	■	3	26	26	■	9	■	11
23	5	21	17	25	10	24	■	8	12	23	11	12
16	■	23	■	24	■	5	11	8	■	4	■	14
9	6	11	9	■	3	■	■	23	25	25	■	17
■	■	20	23	9	23	19	24	5	■	24	2	24
16	■	■	5	■	5	■	21	■	20	■	■	24
11	21	26	■	7	23	20	23	26	17	16	■	■
1	■	8	26	26	■	■	9	■	12	26	26	4
3	■	15	■	12	17	8	■	20	■	12	■	26
23	5	24	12	9	■	11	16	6	9	12	11	2
25	■	20	■	24	25	25	■	11	■	26	■	24
25	11	9	24	18	■	24	3	13	26	1	24	12

A B C D E F G H I J K L M N Ø P Q R S T U V W X Y Z

1	2	3	4	5	6	7	8	9	10	11	12	13
14	**15**	**16**	**17**	**18**	**19**	**20**	**21**	**22**	**23**	**24**	**25**	**26**
												O

143

15	12	25	12	11	■	16	12	13	6	1	15	3
8	■	22	■	26	■	12	■	12	■	9	■	1
23	8	15	4	22	15	10	■	2	26	18	8	13
22	■	9	■	13	■	■	■	20	■	■	■	22
11	2	8	8	11	8	15	■	8	24	26	9	11
8	■	17	■	■	■	8	■	15 R	■	16	■	8
■	8	5	22	1	21	26	9	8	13	16	8	■
12	■	22	■	14	■	9	■	■	■	12	■	19
25	8	8	6	10	■	3	26	9	26	15	1	26
9	■	■	■	9	■	■	■	26	■	14	■	7
1	14	8	26	9	■	14	1	17	8	26	17	8
19	■	15	■	1	■	22	■	17	■	13	■	25
8	26	15	26	16	20	8	■	12	22	11	14	12

A B C D E F G H I J K L M N O P Q R S T U V W X Y Z

1	2	3	4	5	6	7	8	9	10	11	12	13
14	15 R	16	17	18	19	20	21	22	23	24	25	26

Difficult

144

16	21	22	13	25	6	1		6	21	7	6	24
	25		22		21		16		7		22	
19	18	3	19	22	22	17	15	25	3	25	9	1
	4		11		22		18				10	
21	25	18	2	18	24	25	9		1	21	25	24
	21		22				25		26		5	
		23	21	7	12	26	1	23	14	15		
	8		1		18				3		6	
26	14	11	26		15	7	23	25	19	22	18	1
	7				15		18		9		15	
14	9 N	25	9	23	22	21	6	25	18	19	15	25
	6		22		9		25		7		14	
9	25	25	4	20		11	1	20	15	7	11	26

A B C D E F G H I J K L M N O P Q R S T U V W X Y Z

1	2	3	4	5	6	7	8	9	10	11	12	13
								N				
14	15	16	17	18	19	20	21	22	23	24	25	26

145

12		9		1		1		9		16		16
6	18	13	24	25		12	14	12	24	4	21	24
12		24		16		22		19		23		7
6	12	4	23	24	11	12		21	19	12	15	23
16		16				19		8				6
12	24	15	16	3	13	16	15	17		15	12	15
		19		13				1		13		
9	5	17		23	1	15	16	2	12	15	21	19
19				1		16				23		23
23	8	16	1	15		19	23	1	21	5	20	23
15		19		16		12		9		12		22
15 T	26	21	22	21	5	4		16	24	10	5	23
17		24		24		23		20		23		19

A B C D E F G H I J K L M N O P Q R S T U V W X Y Z

1	2	3	4	5	6	7	8	9	10	11	12	13
14	15 T	16	17	18	19	20	21	22	23	24	25	26

Difficult

■	9	19	19	23	6	16	23	■	21	5	21	15
22	■	12	■	20	■	23	■	16	■	9	■	9
18	25	9	3	3	23	15	■	25	21	14	8	22
8	■	15	■	21	■	8	■	23	■	12	■	23
1	15	21	8	6	■	13 S	23	17	2	23	12	■
1	■	■	■	13	■	23	■	2	■	13	■	3
12	8	4	3	8	1	■	13	23	6	13	9	15
10	■	21	■	9	■	18	■	15	■	■	■	23
■	22	18	8	6	7	23	■	14	9	21	13	22
7	■	11	■	8	■	8	■	9	■	24	■	26
21	12	8	21	13	■	7	15	21	6	8	22	23
18	■	13	■	4	■	25	■	15	■	21	■	12
11	9	25	12	■	13	22	2	1	23	6	22	■

A B C D E F G H I J K L M N O P Q R ~~S~~ T U V W X Y Z

1	2	3	4	5	6	7	8	9	10	11	12	13 S
14	15	16	17	18	19	20	21	22	23	24	25	26

147

When you have cracked the code and completed the grid, fill in the boxes at the bottom to reveal an economic system.

	10	25	12	24	2		2	21	6	25	22	
25		17		13				6		10		6
2	4	18	10	8	13		19	25	10	1	6	2
8		25		1		1		22		26		24
18	7	7	26	20	1	17	26	7 R	25	23	14	26
20		13		24		26		18		25		7
			20	1	6	7	12	14	13			
25		8		11		22		25		2		18
10	25	14	25	22	9	6	2	12	10	26	11	12
25		1		7		23		26		16		20
2	12	6	22	18	1		3	7	25	18	12	24
2		5		25				25		2		13
	20	24	18	20	4		23	14	18	12	15	

A B C D E F G H I J K L M N O P Q R S T U V W X Y Z

1	2	3	4	5	6	7	8	9	10	11	12	13
						R						
14	15	16	17	18	19	20	21	22	23	24	25	26

2	1	20	18	25	14	18	2	10

148

	15		22		15		2		7		7	
15	18	6	4	5	6		23	4	6	18	23	13
	1		17		18	6	9		17		12	
18	1	9	6		23		1		16	3	21	21
	19			6	25	22	9	1			3	
4	1	12	1	7		4		23	10	10	7	14
		23		9	1	17	1	18		23		
26	1	18	20	1		1		7	3	4	5	16
	8			4 N	1	18	26	14			7	
20	3	20	20		4		1		5	16	22	5
	22		3		23	12	4		6		8	
23	17	6	24	22	5		3	4	10	7	3	11
	14		10		17		1		14		1	

A B C D E F G H I J K L M ~~N~~ O P Q R S T U V W X Y Z

1	2	3	4	5	6	7	8	9	10	11	12	13
			N									
14	**15**	**16**	**17**	**18**	**19**	**20**	**21**	**22**	**23**	**24**	**25**	**26**

149

25	5	14	14	20	12	8		21	5	5	23	10
	14		6		8		14		8		20	
6	26	15	26	19	26	2	5	14	11	26	22	24
	22		7		26		11				22	
12	26	4	18	26	22	1	26		6	17	20	15
	6		15				2		26		17	
		15	20	12	17	19	5	9	17	2		
	13		1		22				6		1	
3	2	26	26		1	8	5	20	6	21	5	10
	17				8		6		17		17	
26	16	24	6	17	5	6	15	20	22	17	6	10
	5		18		6		26		3		12	
20	22	15	26	16		21	6 R	26	26	15	26	6

A B C D E F G H I J K L M N O P Q R S T U V W X Y Z

1	2	3	4	5	6	7	8	9	10	11	12	13
					R							

14	15	16	17	18	19	20	21	22	23	24	25	26

Difficult

150

13	6	26	10	■	24	18	13	21	15	12	18	24
■	2	■	24	■	25	■	2	■	24	■	12	■
20	18	17	18	2	22	■	4	12	8	21	22	7
■	14	■	9	■	15	■	24	■	26	■	■	■
18	20	5	24	■	26	1	2	1	19	24	25	7
■	24	■	18	■	■	■	18	■	■	■	7	■
12	15	15	24	22	15	12	24 E	3	26	10	19	24
■	2	■	■	■	24	■	■	■	12	■	2	■
6	15	26	6	17	1	2	22	■	15	26	1	22
■	■	■	15	■	19	■	15	■	19	■	21	■
13	26	19	26	4	12	■	20	18	12	13	2	18
■	23	■	4	■	6	■	6	■	16	■	18	■
16	19	26	1	11	26	6	17	■	22	23	24	24

A B C D ~~E~~ F G H I J K L M N O P Q R S T U V W X Y Z

1	2	3	4	5	6	7	8	9	10	11	12	13
14	15	16	17	18	19	20	21	22	23	24 E	25	26

151

20	3	2	2		23	17	16	3	8	
21		17		26		5		1		19
2	11	13		20	26	9	17	3	15	26
20		13		20		26		21		8
	23	17	23	26		16	24	8	21	19
		6		15		20				3
10	17	11		12	6	3	18	18	10	7
17		16			3			8		10
5	26	16	3	6	8	7		17	15	11
11				11		11		25		
4	26	19	11	8 R		26	8	21	5	
26		26		23		8		11		22
16	21	18	16	3	17	10		20	4	3
24		10		21		7		20		10
	1	11	6	16	11		6	11	14	20

A B C D E F G H I J K L M N O P Q ~~R~~ S T U V W X Y Z

1	2	3	4	5	6	7	8	9	10	11	12	13
							R					
14	**15**	**16**	**17**	**18**	**19**	**20**	**21**	**22**	**23**	**24**	**25**	**26**

20	22	3	11	25		16	15	9	14	21
22		11		18		15		15		19
14	5	9	12	12	21	13		12	25	3
14		1		22		21		21		16
22	6	8		25	21	6	25	14	22	6
		22		14		13				17
22	10	25	12		8	22	15	17 S	25	9
10		6			25			21		22
21	15	13	21	25	6		4	6	9	15
6				7		23		10		
6	21	6	22	16	14	21		9	14	17
21		22		21		17		12		24
25	17	17		22	16	14	17	9	2	21
3		9		16		21		14		9
14	22	15	4	17		6	25	26	22	15

A B C D E F G H I J K L M N O P Q R ~~S~~ T U V W X Y Z

1	2	3	4	5	6	7	8	9	10	11	12	13
14	15	16	17 S	18	19	20	21	22	23	24	25	26

15	10	9	22	6		20	4	23	21	13
17		26		23		21		6		3
9	1	3	10	24		6	25	20	25	17
9		10				23		19		17
13	21	25	7	6	9	20	24	21	11	
17				9				17		3
21	6	20	26	21	10	3		15	9	18
7		23		20		16		23		25
2	9	26		3	25	10	26	17	23	7
24		10				21				7
	10	3	5	23	1	3	6	25	24	3
8		12		6				11		10
3	18	25	11	24		26	25	10	19	25
25		11		21		23		21		24
17	9	16	25	17 L		14	9	13	7	3

A B C D E F G H I J K L M N O P Q R S T U V W X Y Z

1	2	3	4	5	6	7	8	9	10	11	12	13
14	15	16	17 L	18	19	20	21	22	23	24	25	26

Difficult

154

When you have cracked the code and completed the grid, fill in the boxes at the bottom to reveal a device.

14		6		1		12		11		26
1	15	21	9	15		8	12	14	19	22
15		1		23		15		5		12
3	21	11	14	15	14	4		18	15	1
15		14		4		23				17
1	19	5	10		12	4	6	15	5	3
1		3		20		21		24		18
	8	21	6	15	12	17	5	2	15	
5		13		23		15		15		16
26	15	18	1	15	4		15	19	22	12
21 I				3		17		17		4
3	21	6		3	15	5	7	5	26	15
21		15		15		25		25		6
17	5	16	12	4		26	15	19	7	12
18		17		18		18		18		10

A B C D E F G H ~~I~~ J K L M N O P Q R S T U V W X Y Z

1	2	3	4	5	6	7	8	9	10	11	12	13
14	**15**	**16**	**17**	**18**	**19**	**20**	**21**	**22**	**23**	**24**	**25**	**26**
							I					

17	15	3	15	2	22	12	25	15

155

■	8	■	11	■	5	■	23	■	26	■
18	20	23	22	■	26	21	16	14	12	■
■	22	■	26	■	21	■	22	■	1	■
23	3	22	13	13	25	■	11	20	3	17
■	16	■	20	■	10	■	2	■	6	■
■	21	11	2	24	22	23 S	20	23	21	■
■	■	■	22	■	5	■	■	■	26	■
22	11	12	3	5	■	16	22	1	23	21
■	22	■	■	■	1	■	15	■	■	■
■	7	22	16	9	8	26	1	20	14	■
■	12	■	26	■	12	■	22	■	20	■
19	10	1	21	■	10	22	26	25	3	17
■	20	■	6	■	12	■	20	■	6	■
■	16	10	20	3	5	■	23	11	21	4
■	22	■	14	■	25	■	14	■	26	■

A B C D E F G H I J K L M N O P Q R ~~S~~ T U V W X Y Z

1	2	3	4	5	6	7	8	9	10	11	12	13

14	15	16	17	18	19	20	21	22	23	24	25	26
									S			

Difficult

156

25	1	23	3	14	1	7	3			22
1		24		21		4		16		11
19	24	8	9 L	3		2	11	4	22	3
18		2		8		24		24		15
18	21	3	14		22	14	23	20	5	19
		9		3		1				24
21	3	9	19	13		21	3	6	23	20
3				3		24		19		
9	23	26	3	21	17		22	12	1	7
3		4		12		4		1		19
19	9	23	15	23		15	3	10	3	9
22		7		22		4		10		9
3			22	3	21	3	24	23	14	17

A B C D E F G H I J K ~~L~~ M N O P Q R S T U V W X Y Z

1	2	3	4	5	6	7	8	9	10	11	12	13
								L				

14	15	16	17	18	19	20	21	22	23	24	25	26

157

■	18	■	14	■	6	■	3	■	16	■
20	19	4	13	10	11	■	2	14	21	19
■	26	■	21	■	12	■	21	■	13	■
21	13	21	19	■	14	2	9	22	21	15
■	■	■	17	■	2	■	18	■	24	■
14	23	19	21	26	1	■	7	4	24	15
■	26	■	■	■	■	■	■	■	21	■
26	8	25	14	■	9	4	22	4	15	11
■	12	■	24	■	4	■	19	■	■	■
14	26 A	15	25	14	23	■	26	13	26	11
■	11	■	9	■	25	■	10	■	23	■
13	21	21	5	■	20	24	21	8	4	19
■	19	■	11	■	11	■	9	■	1	■

~~A~~ B C D E F G H I J K L M N O P Q R S T U V W X Y Z

1	2	3	4	5	6	7	8	9	10	11	12	13
14	**15**	**16**	**17**	**18**	**19**	**20**	**21**	**22**	**23**	**24**	**25**	**26**
												A

Difficult

158

8	21	5	19		21	15	21	6	25	
12		25		7		18		8		6
17	19	11		21	11	4	3	12	2	23
21		12		6		22		19		24
	6	7	19	8		13	25	4	21	7
		3		12		21				21
1	18	12		13	25	24	12	18	11	8
25		15			22			11		3
26	13	25	25	10	25	13 R		9	21	23
25				25		12		19		
13	25	15	18	6		6	21	20	8	
13		13		8		21		20		26
21	16	18	19	26	25	13		19	20	20
20		8		18		23		11		21
	14	25	20	20	23		18	17	20	23

A B C D E F G H I J K L M N O P Q ~~R~~ S T U V W X Y Z

1	2	3	4	5	6	7	8	9	10	11	12	13
												R
14	15	16	17	18	19	20	21	22	23	24	25	26

159

3	9	22	16	5		6	9	17	14	5
13		12		8		17		13		23
1	12	9	19	5	17	25		23	9	7
12		3		23		21		7		5
11	9	13		10	2	21	21	25	21	21 Z
		4		15		19				21
20	13	4	18		3	5	15	25	2	19
13		2			9			24		5
3	5	15	5	16	15		19	25	2	17
2				26		16		19		
1	9	17	17	13	10	15		25	17	1
2		2		2		25		4		17
9	19	3		6	2	4	2	1	18	11
13		14		6		1		12		10
16	5	5	3	11		5	8	5	17	15

A B C D E F G H I J K L M N O P Q R S T U V W X Y ~~Z~~

1	2	3	4	5	6	7	8	9	10	11	12	13
14	15	16	17	18	19	20	21 Z	22	23	24	25	26

Difficult

160

23	17	20	16	16	■	18	15	8	10	23
10	■	14	■	15	■	10	■	7	■	10
2	7	26	4	15	■	24	21	15	23	23
19	■	5	■	■	■	10	■	13	■	23
6	1	12	7	26	14	6	15	10	23	■
8	■	■	■	11	■	■	■	6	■	12
12	15	6	22	15	21	11	■	12	15	7
20	■	1	■	5	■	6	■	12	■	15
4	20	6	■	12	26	2	21	6	26	10 U
6	■	8	■	■	■	10	■	■	■	2
■	5	7	15	5	26	24	26	14	11	26
26	■	26	■	20	■	■	■	20	■	11
8	10	2	20	8	■	12	26	14	24	15
25	■	21	■	9	■	22	■	12	■	10
6	25	6	7	3	■	6	12	22	6	7

A B C D E F G H I J K L M N O P Q R S T U V W X Y Z

1	2	3	4	5	6	7	8	9	10 U	11	12	13
14	15	16	17	18	19	20	21	22	23	24	25	26

161

When you have cracked the code and completed the grid, fill in the boxes at the bottom to reveal a saint.

4	8	21	9	8	5		13	1	12	5	16	12
2		26		21		17		8		26		25
18	2	17		13	20	19	8	5		25	20	26
26				26		21		13				22
	8	11	11 F	20	8	24		3	19	25	25	24
14		5				21				20		15
12	10	2	5	13		5	8	7	26	26	22	
15				19		12		20		2		
19	15	17	19	17	12		5	8	25	18	26	7
		19		19		14		14				8
	2	22	15	8	14	9		14	13	8	11	11
14		7				19				20		11
23	2	12	2	12		5	19	15	25	12	13	
2				16		5		8				6
19	21	24		26	21	12	8	22		7	26	26
22		8		9		18		13		22		2
13	8	15	25	12	20		4	8	7	2	8	20

A B C D E F G H I J K L M N O P Q R S T U V W X Y Z

1	2	3	4	5	6	7	8	9	10	11	12	13
										F		
14	15	16	17	18	19	20	21	22	23	24	25	26

16	8	5	12	22	13	19	22	12

Difficult

10	24	23	14	12	1	15	23		14	10	13	15
17		15		17		26				16		21
24	5	13	20	23	14	12	6		12	17	11	15
15		14		4		14		10		15		3
23	20	3	18		10	12	20	13	9	20	23 R	12
2				24		6		15		18		
20	25	5	9	20	13			15	23	14	3	20
23		23		6	20	3	19	12		26		26
18	14	26	18		2		5		7	15	26	12
15		14		20	11	11	5	12		10		14
12	5	12	20	13			4	23	15	10	3	5
		19		13		20		6				22
8	17	5	8	15	26	17	2		2	14	26	14
14		13		6		11		19		2		8
26	5	5	26		10	17	11	17	23	11	14	20
7		7				23		7		17		26
5	23	6	22		14	26	8	15	3	15	26	12

A B C D E F G H I J K L M N O P Q R S T U V W X Y Z

1	2	3	4	5	6	7	8	9	10	11	12	13
14	15	16	17	18	19	20	21	22	23 R	24	25	26

163

2	14	10	2		7	13	23	18	15	4	14	22
10		21		8		23		13		14		13
26	25	19	16	14	7	3		15	25	8	14	23
13		11		10		6		25				4
15	23	11	14	19	25		2	23	5	13	16	8
10				22		14		14		25		13
14	7	9	15	19	5	5	14	22		8	13	14
22		15		7		24				19		5
		14	16	14	12	2	16	2	23	5		
11		25				19		16		14		4
13	26	5		17	19	10	5	19	22	22	2	25
13		2		2		16		10				19
5	24	25	15	10	5		2	10	5	14	5	2
1				26		14		19		6		20
13	21	14	26	19		26	25	13	20	19	10	13
25		17		10		10		23		14		15
21	2	17	4	2	25	2 E	2		26	22	15	10

A B C D E F G H I J K L M N O P Q R S T U V W X Y Z

1	2 E	3	4	5	6	7	8	9	10	11	12	13
14	15	16	17	18	19	20	21	22	23	24	25	26

Difficult

164

23	14	25	1	8	25	14	16		23	24	3	6
	6 N		26		3		25		15		11	
1	8	17	24	14	3		26	18	23	9	14	1
	3		3		21		11		1		8	
1	6	26	4	17		7	22	1	5	14	26	6
	1		5		24		7		3		25	
25	3	9	3	13	23	6	8		11	25	14	16
			25		6		14				23	
19	23	8	3	23	22		13	14	25	14	9	3
	24				21		14		3			
12	22	14	11		23	6	8	3	23	8	3	25
	1		3		7		17		11		18	
10	3	17	6	26	8	3		23	11	23	16	8
	24		14		22		20		25		26	
19	3	3	2	3	25		26	15	3	9	22	1
	6		3		3		14		1		6	
1	8	22	6		25	14	6	19	1	14	11	3

A B C D E F G H I J K L M N O P Q R S T U V W X Y Z

1	2	3	4	5	6	7	8	9	10	11	12	13
					N							
14	15	16	17	18	19	20	21	22	23	24	25	26

25	14	19	25	11	4	19	13		5	19	18	25
	2		14		19		19		20		7	
21	18	25	21	21	5		15	19	14	9	20	11
	23		4		21		2		14		13	
18	25	23	23	13		19 U	17	24	23	9	13	1
	25		2		7				10		1	
24	23	20	13	15	23	18	25		4	20	10	17
		4			18		11		20		20	
15	20	25	23	2	18		23	19	25	20	24	21
	17		26		21		14			2		
18	2	22	21		25	14	20	6	21	14	18	21
	5		2				16		6		23	
7	20	15	18	19	13	21		26	20	17	3	23
	25		20		2		15		18		23	
9	2	14	17	9	13		19	17	2	12	19	21
	23		7		20		4		6		14	
8	17	21	21		7	20	4	4	21	2	17	21

A B C D E F G H I J K L M N O P Q R S T ~~U~~ V W X Y Z

1	2	3	4	5	6	7	8	9	10	11	12	13
14	15	16	17	18	19 U	20	21	22	23	24	25	26

Difficult

166

13	21	5	10	■	25	26	11	■	22	12	14	23
4	■	■	21	26	16	■	26	18	12	■	■	14
3	9	17	14	■	3	■	13	■	14	2	26	20
16	■	■	13	17	24	23	17	14	4	■	■	14
25	3	4	17	■	■	3	■	■	1	3	6	26
■	■	5	■	17	5	23	14	4	■	22	■	■
5	12	9	4	26	■	3	■	5	8	12	6	26
11	■	12	■	20	24	6	26	18	■	3	■	8
5	10	9	■	17	■	■	■	23	■	23	14	26
9	■	19	■	12	9	4	6	26	■	6	■	9
26	16	16 R	5	16	■	5	■	16	5	3	13	17
■	■	12	■	26	26	16	14	26	■	9	■	■
3	6	18	13	■	■	7	■	■	15	26	13	17
12	■	■	4	3	16	14	2	5	12	■	■	3
7	12	16	12	■	14	■	12	■	18	14	6	6
12	■	■	25	14	9	■	13	3	23	■	■	5
16	5	5	25	■	7	12	24	■	24	3	10	9

A B C D E F G H I J K L M N O P Q ~~R~~ S T U V W X Y Z

1	2	3	4	5	6	7	8	9	10	11	12	13
14	15	16	17	18	19	20	21	22	23	24	25	26
		R										

167

19	25	22	15	3	10		22	17	8	12	17	18
	10		17		15		20		10		22	
5	11	17	3		4	11	8		15	10	10	9
	8				17 A						11	
20	26	19	17		8	10	26		6	17	9	19
			7		23		11		17			
17	7	9	14	25	17		7	21	20	13	13	3
	24						21		9		19	
7	20	6	10		26	15	3		3	17	8	21
	8		1		24						10	
20	4	8	20	9	19		19	8	23	3	25	19
			11		6		18		20			
7	16	11	25		6	19	17		1	11	16	21
	11						25				10	
24	15	20	9		6	19	20		7	9	3	19
	13		10		17		8		14		1	
7	3	8	9	17	18		19	3	19	2	11	6

~~A~~ B C D E F G H I J K L M N O P Q R S T U V W X Y Z

1	2	3	4	5	6	7	8	9	10	11	12	13
14	**15**	**16**	**17**	**18**	**19**	**20**	**21**	**22**	**23**	**24**	**25**	**26**
			A									

Difficult

168

When you have cracked the code and completed the grid, fill in the boxes at the bottom to reveal something to do with health.

24	7	8	7	7	23		14	20	23	18	11	25
	4		12		18		13		13		7	
10	21	22	13		3	18	22		5	7	4	6
			19						7		17	
10	17	23	3	17	19		23	21	19	7	11	21
	19				13		18				18	
23	21	19	13	5	19	21	9		14	18	11	25
	25		5		21		21		2			
14	22	17	19	16				11 M	18	11	25	14
			21		7		14		7		26	
22	14	7	23		1	7	20	16	24	13	13	22
	2				7		7				22	
25	18	23	14	21	23		24	13	23	8	13	17
	17		17						26			
17	9	12	21		13	18	22		17	23	17	14
	3		10		15		17		19		22	
11	6	14	21	12	15		20	26	13	13	14	6

A B C D E F G H I J K L ~~M~~ N O P Q R S T U V W X Y Z

1	2	3	4	5	6	7	8	9	10	11	12	13
										M		
14	**15**	**16**	**17**	**18**	**19**	**20**	**21**	**22**	**23**	**24**	**25**	**26**

5	21	12	12	24	21	17	19	3

169

20		3		17		25		25		4		20
25	5	23	4	3	3	16	4	11		24	5	15
24		5		21		24		24		15		24
15	24	4	11	3		19	5	4	25	10	11	7
1				16		3		4				3
	25	20	24	17	3		21	3	16	17	3	8
3		15		24		24		8		26		
25	1	2	12	16	3	25	25		26	12	8	3
20		16		4		25		10		14		18
7	26	12	24		1	24	10	24	8	26 O	16	5
		3		3		7		21		26		15
2	16	8	3	25	4		4	3	17	17	7	
16				9		12		4				1
6	26	16	9	2	5	15		5	12	15	26	26
2		26		5		24		3		26		2
25	5	8		8	24	22	26	8	13	5	15	15
4		1		3		3		3		16		17

A B C D E F G H I J K L M N Ø P Q R S T U V W X Y Z

1	2	3	4	5	6	7	8	9	10	11	12	13
14	15	16	17	18	19	20	21	22	23	24	25	26 O

Difficult

170

10		21		22		25		7		14		5
9	20	25	10	6	24	21	6	25	17	7	5	14
8		15		10		12		5		19		20
7	25	6	4	17		19	6	25	23	7	25	6
10		4				25		6		15		
12	7	10	9	8	7	6	3		11	20	26	6
		9		6		10		6				25
10	9	20	21	4		10	5	25	15	22	7	17
20		4		19				9		20		6
22	4	6	3	5	9	6		5	7	4 R	6	4
22				14		25		12		17		
18	5	4	25		5	17	18	22	7	9	5	14
		5		13		5				21		5
9	5	4	4	7	20	25		22	8	14	20	16
20		7		25		2		20		14		7
1	7	17	7	9	21	14	17	21	4	7	10	17
6		18		8		6		17		10		18

A B C D E F G H I J K L M N O P Q R S T U V W X Y Z

1	2	3	4	5	6	7	8	9	10	11	12	13
			R									
14	15	16	17	18	19	20	21	22	23	24	25	26

171

7	15	24	7	14	2	25	22		9	18	22 N	23
2		25		16		16				3		2
24	2	10	2	23	2	1	26		14	19	2	1
8		16		14		8		14		25		1
18	20	18	24		5	7	17	12	2	14	5	25
14				7		20		7		1		
14	18	7	22	17	18			23	18	16	17	18
22		17		1	7	22	14	26		8		9
18	7	17	12		24		16		19	7	19	7
14		25		14	8	16	24	19		1		22
14	4	16	7	1			6	24	18	18	11	18
		22		25		7		26				14
22	7	1	2	9	2	1	26		8	7	2	17
7		7		18		1		18		24		18
23	18	15	1		13	16	22	17	1	2	25	22
2		8				22		12		14		17
24	18	18	21		21	18	24	25	14	18	22	18

A B C D E F G H I J K L M N O P Q R S T U V W X Y Z

1	2	3	4	5	6	7	8	9	10	11	12	13
14	15	16	17	18	19	20	21	22 N	23	24	25	26

Difficult

4	2	16	22	22	5		7	23	7	23	15	16
	20		16		3		23		2		2	
26	3	22	15		20	23	15		21	16	13	5
			15						3		13	
22	3	19	24	19	3		23	22	12	26	16	18
	18				1		16				22	
20	14	23	10	6	24	20	14		16	24	1	3
	22		21		14		26		25			
18	5	21	23	18				15	21	2	9	9
			8		16		16		23		21	
6	3	3	18		10	23	17	20	8	16	24	18
	4				22		24				10	
12	2	11	24	10	3		20 S	12	23	23	6	5
	16		20						16			
24	15	24	20		26	2	25		20	2	20	20
	21		2		2		3		24		6	
22	3	7	3	10	14		11	24	20	9	24	14

A B C D E F G H I J K L M N O P Q R ~~S~~ T U V W X Y Z

1	2	3	4	5	6	7	8	9	10	11	12	13
14	15	16	17	18	19	20	21	22	23	24	25	26
						S						

173

13	20	3	9	5	21	5	25		24	9	9	6
7		23		25		13				1		23
9	1	14	23	18	23	7	16		2	14	13	18
25		12		19		18		18		19		10
9	5	2	26		17	23	2	5	6	6	5	26
14				22		9		8		23		
18	19	13	14	5	7			8	6	5	2	2
5		7		6	13	17	17	26		18		18
8	13	15	15		11		23		3	23	12	9
25		19		5	8	26	2	2		19		9
9	7	6	19	25			14	5	18	7	5	20
		16		25		8		17				25
4	13	23	1	19	18	23	14		11	23	18	9
13		21		26		2		17		11		24
5	14	23	17		5	4	13	5 A	15	5	8	5
2		7				13		10		16		14
3	23	16	3		18	9	25	9	22	19	6	12

~~A~~ B C D E F G H I J K L M N O P Q R S T U V W X Y Z

1	2	3	4	5	6	7	8	9	10	11	12	13
				A								
14	15	16	17	18	19	20	21	22	23	24	25	26

13	23	20	18	■	6	10	16	23	12	12	11	12
9	■	16	■	22	■	17	■	1	■	24	■	10
23	17	23	18	10	6	8	■	12	6	11	16	16
18	■	26	■	21	■	25	■	10	■	■	■	26 I
11	23	15	18	9	8	■	20	16	10	15	26	21
4	■	■	■	14	■	26	■	4	■	10	■	26
11	16	10	2	24	11	17	7	11	■	1	24	18
15	■	15	■	15	■	5	■	■	■	10	■	8
■	■	21	26	12	7	15	11	21	26	18	■	■
17	■	26	■	■	■	23	■	10	■	26	■	20
24	15	17	■	2	24	26	3	3	26	7	23	16
6	■	23	■	24	■	17	■	26	■	■	■	11
12	24	16	18	23	17	■	24	17	26	12	11	25
19	■	■	■	15	■	18	■	11	■	23	■	26
24	17	7	24	18	■	13	23	12	9	18	24	1
16	■	10	■	11	■	11	■	12	■	26	■	16
16	11	17	5	18	9	11	17	■	23	17	18	11

A B C D E F G H I/J K L M N O P Q R S T U V W X Y Z

1	2	3	4	5	6	7	8	9	10	11	12	13
14	15	16	17	18	19	20	21	22	23	24	25	26 I

175

When you have cracked the code and completed the grid, fill in the boxes at the bottom to reveal an English county.

14	4	7	1	20	18	7	11		17	22	7	18
	7		19		9		25		24		6	
11	6	17	13	20	12		7	12	18	20	20	6
	17		6		19		2		20		12	
14	12	18	20	16		1	9	6	23	7	1	14
	15		11		6		7		14		23	
18	17	6	19	12	14	1	1		12	17	7	25
			14		17		15				10	
26	20	14	10	9	1		12 N	20	9	8	15	10
	6				1		14		12			
14	10	11	15		14	11	1	10	17	10	7	11
	15		20		1		1		24		23	
10	20	9	6	7	1	10		15	17	4	4	13
	18		7		23		21		1		6	
12	20	5	5	25	14		14	10	15	12	7	11
	3		20		12		14		14		12	
11	13	17	12		10	14	4	7	18	7	10	13

A B C D E F G H I J K L M ~~N~~ O P Q R S T U V W X Y Z

1	2	3	4	5	6	7	8	9	10	11	12	13
											N	
14	15	16	17	18	19	20	21	22	23	24	25	26

13	20	6	19	1	15	7	6	14

Difficult

4	22	10	9	10	8	4	7	■	11	1	22	15
■	6	■	16	■	4	■	3	■	23	■	15	■
10	16	9	26	16	8	■	10	26	11	7	3	15
■	15	■	23	■	15	■	16	■	22	■	15	■
26	15	24	4	17	■	22	9	26	15	9	7	19
■	18	■	8	■	1	■	■	■	24	■	9	■
2	15	20	15	3	3	15	26	■	15	1	4	7
■	■	15	■	■	4	■	15	■	8	■	13	■
20	10	23	23	3	15	■	3	15	9	9	15	26
■	26	■	16	■	26	■	4	■	■	16	■	■
14	4	3	3	■	22	11	13	11	8	8	11	19
■	15	■	3	■	■	■	15	■	11	■	4	■
22	8	11	12	12	3	15	■	22	9	10	26	25
■	9	■	4	■	15	■	20	■	16	■	1	■
26	15	5	5	11	15	■	19	10	26	26	10	26 R
■	15	■	19	■	7	■	11	■	11	■	26	■
5	26	4	9	■	19	16	24	4	3	4	9	21

A B C D E F G H I J K L M N O P Q ~~R~~ S T U V W X Y Z

1	2	3	4	5	6	7	8	9	10	11	12	13
14	15	16	17	18	19	20	21	22	23	24	25	26 R

2	15	6	25		11	25	6		1	13	18	5
9			6	17	10		8	6	6			6
17	2	3	10		17		26		17	15	24	6
21			24	21	7	10	3	2	2			2
5	13	5	19			21			11	13	8	11
		17		18	13	15	21	13		5		
20	6	11	11	6		2		4	6	24	16	13 A
3		11		15	21	3	8	3		6		10
4	21	3		3				10		18	13	10
3		10		19	17	8	8	13		21		13
10	21	22	20	3		26		7	17	15	7	19
		20		24	10	6	15	3		13		
2	6	19	13			10			22	20	13	25
12			5	13	15	24	3	13	17			21
21	15	11	6		3		4		24	6	25	15
20			4	3	14		3	10	7			24
20	13	23	3		11	21	15		3	24	7	19

A B C D E F G H I J K L M N O P Q R S T U V W X Y Z

1	2	3	4	5	6	7	8	9	10	11	12	13
												A
14	15	16	17	18	19	20	21	22	23	24	25	26

Difficult

18	7	21	21	8	3		16	7	23	25	15	10
	25		20		17		8		20		21	
16	21	8	1		20	18	2		1	20	20 O	2
	8				6						17	
8	17	23	13		15	10	11		16	15	25	1
			10		25		20		15			
4	15	6	6	10	13		20	3	7	15	19	13
	11						14		25		13	
22	7	16	15		11	20	9		19	7	2	13
	1		14		13						3	
16	13	26	8	7	25		8	25	18	20	20	24
			17		1		25		20			
12	15	1	13		9	13	19		1	17	13	9
	2						15				5	
1	15	19	15		2	7	5		7	20	19	15
	16		4		8		13		25		17	
15	16	9	10	8	2		1	7	24	19	15	19

A B C D E F G H I J K L M N ~~O~~ P Q R S T U V W X Y Z

1	2	3	4	5	6	7	8	9	10	11	12	13
14	15	16	17	18	19	20 O	21	22	23	24	25	26

179

	5	2	8	8		22	10	7	2	18	22	
8		23		18		16		1		1		13
22	10	13	2	1	18	22		18	1	13	2	21
10		21		21		25		22		21		22
18	6	26	25	24		25	22	21	16	26	4	8
22		23		1	9	22		22		26		8
18	26	13	1	19		8	18	21	1	18	4	23
		18		22		8			12			1
8	3	4	1	21	22		16	2	26	11	2	25
6			2			24		25		22		
1	4	8	18	22	21	22		18	26	18	22	23
23		22		25		26	25	22		18		1
22	1	21	11	12	26	23		8	6	22 E	22	21
14		16		11		22		18		21		20
4	25	2	18	22		18	21	2	16	2	1	11
11		11		8		21		25		25		22
	17	22	21	8	22	15		22	12	24	22	

A B C D ~~E~~ F G H I J K L M N O P Q R S T U V W X Y Z

1	2	3	4	5	6	7	8	9	10	11	12	13
14	**15**	**16**	**17**	**18**	**19**	**20**	**21**	**22**	**23**	**24**	**25**	**26**
								E				

Difficult

8	15	4	7	15	23	15	11		1	4	10	5
15		8		20		3				7		19
17	15	3	1	15	18	8	5		25	1	18	8
5		1		3		22		1		10		22
15	3	6	11		6	15	2	18	26	10	1	15
7	26	14				1		12				18
	9		15		15	8	22	5		13	9	2
4	7	11	10	9	4			3		9		5
5			6		14	15	23	18		3		15
6	26	9	4	4	5		22	26	13	18	26	13
1		14		15	18	7	1		9			10
8		26		6			3	15	18	24	10	5
1	18	18		14	5	15	3		24		26	
3				10		7				3	15	11
8	26	16	9	5	7	7	5		8	5	21	5
9		9		3		15		20		8		26
10	26	1	18		5	8	7	26	21	5	3	6
15		10				22		10		4		15
3	26	10	10		20	5	7	7 T	1	4	26	18

A B C D E F G H I J K L M N O P Q R S ~~T~~ U V W X Y Z

1	2	3	4	5	6	7 T	8	9	10	11	12	13
14	15	16	17	18	19	20	21	22	23	24	25	26

181

24	■	24	■	8	■	4	20	22	■	5	■	■
19	4	20	7	9	13	21	■	19	4	7	20	14
13	■	3	■	18	■	2	■	13	■	13	■	25
9	24	9	12	14	■	18	9	13	3	14	4	19
22	■	■	4	■	■	23	■	1	■	9	■	9
6	20	25	19	20	24	■	9	11	9	16	14	4
14	■	19	■	4	■	13	■	■	20	■	■	20 I
■	22	9	15	15	6	14	■	9	6	22	19	2
19	■	4	■	6	■	22	■	6	■	1	■	20
4	20	7	■	20	10	20	4	12	■	4	19	7
1	■	19	■	10	■	13	■	14	■	9	■	21
13	14	2	20	7	■	7	19	22	20	4	12	■
7	■	■	1	■	■	23	■	13	■	17	■	13
23	9	19	4	10	23	■	15	9	10	9	24	14
1	■	4	■	9	■	5	■	■	1	■	■	3
24	19	5	7	22	20	4	■	5	7	1	16	14
1	■	19	■	9	■	20	■	20	■	12	■	6
26	14	4	1	4	■	18	19	17	17	6	14	13
■	■	12	■	9	26	14	■	14	■	14	■	21

A B C D E F G H I̸ J K L M N O P Q R S T U V W X Y Z

1	2	3	4	5	6	7	8	9	10	11	12	13
14	15	16	17	18	19	20 I	21	22	23	24	25	26

Difficult

182

When you have cracked the code and completed the grid, fill in the boxes at the bottom to reveal a profession.

23	7	15	11	3	■	9	20	7	15	24	14	■
22	■	11	■	13	■	11	■	23	■	5	■	25
10	1	24	■	5	7	8	1	5	2	7	3	19
7	■	4	■	5	■	8	■	1	■	15	■	11
17	7	18	5	11	16	■	1	15	21	7	5	6
7	■	■	■	3	■	18	■	■	■	5	■	■
25	26	13	14	20	3	4	■	5	1 O	22	7	20
■	■	15	■	14	■	11	■	14	■	■	■	1
12	14	18	1	■	11	15	10	14	3	18	1	5
11	■	11	■	24	■	24	■	19	■	4	■	5
3	1	20	20	1	26	13	22	■	24	5	14	22
7	■	■	■	5	■	17	■	21	■	1	■	■
5	11	25	19	22	■	17	7	11	20	2	7	24
■	■	15	■	■	■	22	■	15	■	■	■	20
9	20	11	17	25	22	■	14	15	7	2	20	14
14	■	23	■	7	■	24	■	11	■	20	■	14
14	16	23	13	20	25	11	1	15	■	1	7	9
6	■	14	■	12	■	20	■	24	■	19	■	13
■	25	18	5	1	20	20	■	25	18	14	14	20

A B C D E F G H I J K L M N Ø P Q R S T U V W X Y Z

1 O	2	3	4	5	6	7	8	9	10	11	12	13
14	15	16	17	18	19	20	21	22	23	24	25	26

20	11	2	5	7	5	11	7	15

26	16	17	26	16	9	18			3		14	
	15		11		11		16	3	15	18	16	20
24	21	3	17	16	10		15		2		22	
	1				22	21	26	11	14	21	22	18
4	21	4	16		5		23		21		21	
16			1	15	16	19	18		22	21	26	6
22	21	3	23		15		20		11			21
	3		11		15	18	21	17	2	25	18	9
8	2	21	25	6			17		17		25	
	16				10	21	14				16	
	22		1		11			12	16	22	17	7
26	16	14	16	26 C	11	20	1		1		18	
11			25		19		25		1	2	25	7
7	11	2	25		21	25	16	14	18			16
	26		16		22		21		7	11	15	6
15	2	22	26	23	18	11	22				11	
	15		6		17		1	11	2	22	14	7
26	16	25	18	17	17		11		17		2	
	25		25			18	13	12	18	22	17	18

A B ~~C~~ D E F G H I J K L M N O P Q R S T U V W X Y Z

1	2	3	4	5	6	7	8	9	10	11	12	13
14	15	16	17	18	19	20	21	22	23	24	25	26 C

Difficult

■	■	25	13	7	22	2	9	24	25	5	■	■
■	10	■	7	■	9	■	7	■	14	■	21	■
21	22	20	2	7	21	■	16	19	19	20	1	3
■	25	■	12	■	19	■	■	■	17	■	19	■
25	26	24	12	■	20	12	2	17	21	2	15	6
■	22	■	3	■	3	■	8	■	19	■	■	■
16	12	7	9	8	■	7	8	25	7	12	16	22
■	■	■	2	■	25	■	22	■	14	■	7	■
8	1	2	14	6	26	19	14	■	20	12	2	9
■	22	■	■	■	12	■	20	■	■	■	23	■
19	20	20	25	■	24	14	24	9	24	15	2	1
■	16	■	15	■	8	■	4	■	9	■	■	■
12	22	25	5	2	8 P	22	■	25	8	2	17	14
■	■	■	14	■	22	■	2	■	7	■	24	■
25	13	7	24	12	12	22	1	■	1	19	16	19
■	7	■	26	■	■	■	21	■	25	■	16	■
18	24	11	11	1	22	■	24	15	24	15	1	22
■	20	■	22	■	16	■	14	■	23	■	3	■
■	■	18	1	2	16	22	19	1	22	26	■	■

A B C D E F G H I J K L M N O ~~P~~ Q R S T U V W X Y Z

1	2	3	4	5	6	7	8 P	9	10	11	12	13
14	15	16	17	18	19	20	21	22	23	24	25	26

185

26	19	18	25	6	19		26	20	15	22	9	22
25		20		22				8		17		15
13	14	23	20	17	18		26	22	2	20	26 S	22
25		26		18	19	8	12	10		2		10
17	19	19	5		26		11		21	22	7	14
13			10		4	12	9		20			26
26	6	17	12	24	9		19	10	12	6	12	9
	20		15		20		19		26		15	
25	15	12	9		24	19	15		9	22	4	19
	3					2					10	
1	25	12	24		21	25	9		4	15	12	9
	17		17		22		23		25		15	
26	19	1	25	19	10		12	15	18	12	16	20
25			18		6	25	18		20			25
2	20	24	19		14		18		26	6	25	9
2		22		5	20	10	10	14		21		26
22	12	17	2	22	15		14	20	16	25	17	9
17		4		10				23		5		22
14	19	22	17	10	14		5	10	25	5	5	14

A B C D E F G H I J K L M N O P Q R ~~S~~ T U V W X Y Z

1	2	3	4	5	6	7	8	9	10	11	12	13
14	15	16	17	18	19	20	21	22	23	24	25	26 S

Difficult

4	1	23	21		5	1	13	1		12	20	14
25		12		9		23		17		14		12
20	12	15	7	12	15 N	2		23	17	16	7	15
13		1		22		21		2		23		9
1	5	20	12	12	6		5	1	24	1	23	7
23				11		5				11		11
7	15	20	12	2		2	12	5	5	12	23	1
1		7				17		10				15
15	17	14	1	9	7	11		25	6	5	12	2
		16		7		8		1		6		
11	23	17	24	2		7	15	9	17	17	23	5
17				11		15				23		11
19	1	23	2	3	17	13		24	12	2	11	3
1		1				5		23				15
23	12	15	9	12	23		24	7	1	5	11	17
9		5		18		5		26		2		26
7	15	1	6	2		6	7	26	26	1	26	26
11		11		17		25		21		5		20
12	20	8		20	25	23	8		5	3	17	12

A B C D E F G H I J K L M N O P Q R S T U V W X Y Z

1	2	3	4	5	6	7	8	9	10	11	12	13
14	15 N	16	17	18	19	20	21	22	23	24	25	26

187

4	19	14	13	17	14	■	10	12	17	13	13 T	7
■	16	■	19	■	17	■	17	■	13	■	21	■
19	20	2	13	■	13	2	10	■	8	18	15	7
■	18	■	■	■	17	■	■	■	■	■	17	■
21	12	19	4	■	3	19	24	■	6	19	14	1
■	■	■	18	■	18	■	2	■	2	■	■	■
19	8	8	17	10	9	■	5	18	26	21	12	19
■	23	■	■	■	■	■	5	■	10	■	18	■
16	18	8	8	■	24	19	7	■	18	13	14	11
■	19	■	7	■	12	■	■	■	■	■	19	■
20	12	21	9	14	21	■	8	23	19	16	24	7
■	■	■	21	■	21	■	22	■	4	■	■	■
19	25	17	26	■	5	4	2	■	4	21	13	11
■	19	■	■	■	■	■	19	■	■	■	11	■
11	2	8	1	■	18	4	4	■	5	2	12	7
■	9	■	17	■	12	■	21	■	21	■	2	■
8	13	19	9	3	19	■	12	18	10	17	16	18

A B C D E F G H I J K L M N O P Q R S ~~T~~ U V W X Y Z

1	2	3	4	5	6	7	8	9	10	11	12	13
												T
14	**15**	**16**	**17**	**18**	**19**	**20**	**21**	**22**	**23**	**24**	**25**	**26**

Difficult

188

8	19	3	7	14	■	12	11	18	20	16	5	5
5	■	7	■	24	■	15	■	11	■	1	■	4
3	1	12	14	12	17	16	■	3	25	25	16	7
2	■	22	■	17	■	■	■	26	■	7	■	12
2	5	24	11	■	17	15	24	26	26	24	7	14
9	■	21	■	22	■	7	■	5	■	10	■	■
■	14	12	10	12	11	12	25	9	■	24	17	2
26	■	■	■	8	■	17	■	■	■	22	■	4
3	11	17	16	25	■	2	12	13	4	24	11	25
7	■	4	■	16	■	■	■	4	■	11	■	17
7	16	21	3	14	16	5	■	24	25	25	12	15
3	■	21	■	■	■	16	■	7	■	■	■	23
20	3	16	■	26	16	24	4	25	12	8	9	■
■	■	7	■	4	■	7	■	6	■	3	■	26
21	24	23	3	22	24	11	9	■	17	2	24	7
3	■	3	■	24	■	■	■	24	■	2	■	3
25	23	4	21	26	■	6	12	5	5	12	3	11
16	■	17	■	3	■	3	■	25	■	17	■	6
25	7	16	21	3	5	3 O	■	3	15	23	7	16

A B C D E F G H I J K L M N Ø P Q R S T U V W X Y Z

1	2	3	4	5	6	7	8	9	10	11	12	13
		O										
14	15	16	17	18	19	20	21	22	23	24	25	26

189

When you have cracked the code and completed the grid, fill in the boxes at the bottom to reveal a capital city.

9	20	5	19	3	19	21	25		22	7	4	3
21		13		21		14				4		4
2	13	7	20	25	2	20	9		3	5	13	10
19		19		23		23		3		14		26
25	19	5	20		5	13	3	15	12	20	14	20
23	21	21				25		20				5
	2		3		22	21	21	7		20	13	2
5	13	12	20	14	13			7		11		19
21			12		3	8	4	13		13		6
7	13	14	19	13	2		3	5	13	12	22	19
7 L		21		10	20	13	4		10			2
18		3		3			13	23	20	25	5	18
17	14	18		5	21	13	7		2		21	
21				21		25				14	4	10
10	13	9	19	25	13	23	20		22	13	22	13
10		4		9		4		16		5		2
7	19	12	22		1	7	21	4	14	19	3	15
20		12				13		19		13		20
3	2	18	20		23	14	19	24	24	7	20	14

A B C D E F G H I J K ~~L~~ M N O P Q R S T U V W X Y Z

1	2	3	4	5	6	7 L	8	9	10	11	12	13
14	15	16	17	18	19	20	21	22	23	24	25	26

8	13	2	15	12	13	25	9	4

Difficult

190

20	■	15	■	16	■	20	9	19	■	24	■	■
9	12	11	19	1	17	23	■	11	19	9	13	7
10	■	19	■	11	■	9	■	19	■	19	■	15
9	25	25	14	17	■	15	7	14	2	9	22	24
15	■	■	9	■	■	26	■	5	■	5	■	7
22	1	25	22	11	20	■	23	9	3	26	7	22
6	■	7	■	3	■	11	■	■	11	■	■	25
■	1	3	11	5	14	3	■	25	15	9	19	7
21	■	7	■	11	■	3	■	9	■	15	■	22 R
14	4	4	■	13	15	11	17	12	■	4	14	22
6	■	11	■	23	■	3	■	14	■	9	■	6
14	20	17	7	17	■	13	14	14	13	15	6	■
1	■	■	18	■	■	5	■	26	■	4	■	7
5	15	7	7	17	6	■	13	9	15	9	8	6
3	■	8	■	23	■	9	■	■	9	■	■	7
7	19	2	22	7	5	5	■	14	8	25	14	18
5	■	7	■	11	■	11	■	3	■	7	■	9
5	14	3	9	22	■	24	1	20	23	7	5	5
■	■	24	■	5	23	7	■	7	■	2	■	23

A B C D E F G H I J K L M N O P Q ~~R~~ S T U V W X Y Z

1	2	3	4	5	6	7	8	9	10	11	12	13
14	15	16	17	18	19	20	21	22 R	23	24	25	26

191

21	26	14	11	6		25	15	22	23	12	18	
6		6		14		4		26		1		26
10	1	5		7	23	6	25	4	6	9	1	14
23		26		23		19		6		4		11
4	15	12	9	6	8		15	24	5	26	13	15
18				1		13				23		
6	17	6	1	12	13	9		5	26	13	13	15
		8		9		6		23				17
6	24	1	13		14	4	23	13 S	6	25	15	4
19		15		13		22		13		15		15
2	23	12	14	9	1	26	12		26	21	1	9
23				6		6		19		26		
8	23	13	9	3		4	6	1	12	22	26	19
		9				25		8				6
1	12	4	23	13	11		26	25	1	26	23	13
22		6		19		20		12		23		9
15	24	5	8	15	9	1	16	15		9	6	4
24		5		8		8		13		25		15
	15	3	15	8	15	9		13	9	26	26	8

A B C D E F G H I J K L M N O P Q R ~~S~~ T U V W X Y Z

1	2	3	4	5	6	7	8	9	10	11	12	13
												S
14	15	16	17	18	19	20	21	22	23	24	25	26

Difficult

16	3	3	1	20	25	13			4		18	
	16		16		16		6	1	21	9	7	18
9	8	16	18	18	16		17		25		8	
	9				8	6	21	23	25	8	16	11
25	21	14	6		5		16		1		23	
20			4	21	23	21	4		13	25	9	13
12	1	6	12		16		6		4			13
	6		21		12	13	18	8	6	2	6	1
20	23	21	18	2			21		23		3	
	25				18	21	3				18	
	6		9		8			6	19	19	21	17
22	20	12	21	1	6	23	18		21		16	
20			23		14		15		1	21	23	9
18	8	21	16		13	17	13	8	18			13
	13		8		1		13		7	20	8	1
26	3	7	4	6	1	18	24				16	
	16		16		13		13	23	4	13	26	7
1	21	10	20	16	8		8		16		21	
	1		26			6	26	18	16 O	20	23	25

A B C D E F G H I J K L M N Ø P Q R S T U V W X Y Z

1	2	3	4	5	6	7	8	9	10	11	12	13
14	15	16 O	17	18	19	20	21	22	23	24	25	26

193

		7	14	17	12	16	24	20	21	4		
	1		2		5		12		13		17	
1	16	26	7	13	2		14	7	4	23	7	3
	7		16		20				11		13	
24	26	11	15		25	26	7	22	26	7	4	24
	16		23		24		4		2			
17	11	16	7	18		1	24	11	11	5	11	4
			16		10		11		1		26	
26	21	16	15	25	7	2	2		1	15	20	24
	6				24		21				16	
24	21	25	12		26 R	11	5	26	20	1	7	2
	4		4		21		11		4			
17	11	10	11	1	4	11		11	8	20	16	24
			3		2		24		20		26	
24	26	20	5	24	18	16	9		17	20	7	2
	21		21				20		20		6	
19	12	7	1	7	26		26	20	21	24	11	26
	24		11		18		1		12		17	
		7	17	8	11	26	24	20	1	11		

A B C D E F G H I J K L M N O P Q ~~R~~ S T U V W X Y Z

1	2	3	4	5	6	7	8	9	10	11	12	13
14	15	16	17	18	19	20	21	22	23	24	25	26
												R

Difficult

4	6	12	17	19	12		19	22	23	17	2	12
23		6		6				7		11		15
10	2	2	8	24	22		5	12	6	24	26	17
5		3		23	12	14	24	12		6		18
6	17	9	11		21		23		19	22	12	4
12			3		24	23	9		20			6
18	24	12	19	6	3		10	4	17	21	24	12
	9		20		6		24		14		22	
4	3	22	25		17	4	22		12	11	3	22
	8					23					6	
26	10	6	2		6	10	7		20	17	3	23
	23		6		17		3		3		22	
3	9	2	10	23	18		13	12	4	20	25	23
18			8		4	3	12		4			12
4	17	8	16		10		9		10	4	24	19
12		17		1	10	16	12	23		23		22
22	17	23	22	17	9		11	3	18	3	22	25
24		12		11				8		11		6
19	24	23	14	12	25		7	20	12 E	12	13	12

A B C D ~~E~~ F G H I J K L M N O P Q R S T U V W X Y Z

1	2	3	4	5	6	7	8	9	10	11	12	13
											E	
14	15	16	17	18	19	20	21	22	23	24	25	26

195

20	17	6	10	■	12	4	20	9	■	10	20	12
15	■	19	■	20	■	20	■	22	■	23	■	6
13	5	6	4	9	5	14	■	25	20	11	6	10
23	■	19	■	20	■	20	■	22	■	4	■	24
7	22	5	12	19	15	■	5	7	15	20	6	5
20	■	■	■	6	■	1	■	■	■	15	■	11
19	8	5	7	21	■	23	2	17	20	16	10	17
23	■	24	■	■	■	19	■	19	■	■	■	26
12	23	18	17	22	3	17	■	2	7	19	3	21
■	■	11	■	11	■	5	■	20	■	15	■	■
12	17	22	22	9	■	17	5	6	17	20	11	22
4	■	■	■	22	■	20	■	■	■	19	■	3
22	24	18	5	7	16	19	■	17	22	15	22	17 T
9	■	23	■	■	■	15	■	7	■	■	■	7
5	25	25	7	5	21	■	13	22	13	23	15	22
9	■	25	■	18	■	5	■	15	■	15	■	24
9	7	5	24	5	■	13	5	6	23	26	26	20
11	■	11	■	17	■	5	■	10	■	20	■	12
22	16	19	■	22	23	7	19	■	12	2	19	17

A B C D E F G H I J K L M N O P Q R S T U V W X Y Z

1	2	3	4	5	6	7	8	9	10	11	12	13
14	15	16	17 T	18	19	20	21	22	23	24	25	26

Difficult

196

When you have cracked the code and completed the grid, fill in the boxes at the bottom to reveal a something in the home.

197

21	■	23	■	3	■	24	5	5	■	17	■	■
8	7	8	6	16	1	1	■	16	8	5	16	10
21	■	6	■	10	■	8	■	1	■	12	■	16
13	6	7	20	16	■	16	20	8	21	8	1	3
20	■	■	16	■	■	10	■	1 S	■	7	■	24
17	14	14	17	7	25	■	17	21	21	16	1	21
10	■	8	■	17	■	21	■	■	16	■	■	16
■	22	10	16	6	7	19	■	3	17	1	24	6
7	■	16	■	17	■	8	■	17	■	19	■	16
24	11	21	■	1	8	6	13	1	■	17	1	1
20	■	21	■	21	■	2	■	1	■	3	■	1
20	20	17	3	17	■	16	9	16	3	11	21	■
24	■	■	17	■	■	10	■	13	■	24	■	3
4	13	8	6	7	16	■	15	10	24	24	12	25
13	■	10	■	19	■	1	■	■	13	■	■	1
8	6	16	9	17	7	21	■	15	10	17	18	21
13	■	18	■	20	■	16	■	19	■	10	■	16
3	24	13	1	16	■	16	26	16	7	21	24	10
■	■	20	■	21	24	10	■	16	■	25	■	25

A B C D E F G H I J K L M N O P Q R ~~S~~ T U V W X Y Z

1	2	3	4	5	6	7	8	9	10	11	12	13
S												
14	15	16	17	18	19	20	21	22	23	24	25	26

Difficult

14	24	11	2	22		25	26	11	6	19	10	
10		18		6		18		18		16		17
21	18	1		3	24	11	4	7	18	20	16	23
6		10		16		26		16		13		10
8	14	18	26	2	22		24	23	7	6	25	10
14				17		8				11		
10	15	26	11	10	20	10		13	11	10	10	23
		22		11		10		6				16
22	16	24	14		25	17	6	13	3	16	2	17
4		20		26		10		10		19		10
10	15	13	18	11	26	10	11		21	6	14	1
23				10		13		2		16		
16	20	16	12	10		10	26	22	16	23	18	14
		23				11		10				24
23	18	26	6	9	4		16	2	11 R	18	25	25
24		6		11		9		17		13		26
14	6	5	24	6	1	16	26	10		10	14	9
14		24		12		6		11		11		24
	21	10	10	12	10	11		25	22	16	14	14

A B C D E F G H I J K L M N O P Q ~~R~~ S T U V W X Y Z

1	2	3	4	5	6	7	8	9	10	11 R	12	13
14	15	16	17	18	19	20	21	22	23	24	25	26

199

13	2	1	3	4	2	10			6		18	
	9		13 S		9		26	8	4	4	9	21
21	20	23	25	1	4		8		9		13	
	11				18	9	4	24	4	25	13	13
2	3	13	13		9		8		20		8	
9			20	9	3	1	13		26	3	5	5
13	2	6	1		4		19		9			25
	10		3		24	6	8	22	3	8	1	8
17	8	11	11	20			1		13		25	
	5				12	9	15				7	
	5		11		9			13	2	1	6	11
13	8	17	25	6	14	5	25		6		8	
11			24		13		16		24	3	4	19
6	1	25	6		21	8	25	5	24			8
	10		7		9		2		20	25	5	11
24	25	23	9	3	1	25	1				6	
	3		7		15		6	18	18	8	1	26
6	26	14	3	13	10		15		6		23	
	20		25			15	25	16	15	3	6	5

A B C D E F G H I J K L M N O P Q R ~~S~~ T U V W X Y Z

1	2	3	4	5	6	7	8	9	10	11	12	13
												S
14	15	16	17	18	19	20	21	22	23	24	25	26

Difficult

200

		14	3	17	19	9	12	17	13	26		
	16		9		17		15		9		22	
2	15	7	15	15	3		4	9	18	25	17	11
	7		22		15				4		25	
22	18	1	2		16	3	15	6	8	17	4	25
	1		12		9		10		22			
25	6	9	9	12		2	18	4	9	12	17	4
			4		8		21		20		11	
24	18	11	5	26	15	3	22		11	17	4	5
	12				11		18				18	
25	4	18	13		22	21	4	3	21	15	25	21
	21		17		4		13		10			
6	3	9	11	9	18	11 N		10	18	15	17	12
			22		14		15		17		11	
6	9	20	21	3	14	18	12		6	18	14	14
	6		3				5		1		12	
24	21	3	2	9	15		15	19	21	11	18	21
	11		9		22		12		11		23	
		21	23	14	9	12	17	15	13	21		

A B C D E F G H I J K L M ~~N~~ O P Q R S T U V W X Y Z

1	2	3	4	5	6	7	8	9	10	11	12	13
										N		
14	15	16	17	18	19	20	21	22	23	24	25	26

Solutions

The Times Codeword

1

T	E	N	A	N	T		R	I	S	K	E	D
	X		Q		R		O		H		F	
T	H	O	U	S	A	N	D		R	I	F	E
	I		A		M		E		E		E	
A	B	U	T		W	O	O	D	W	O	R	M
	I		I		A						V	
S	T	O	C	K	Y		D	O	W	N	E	D
	I						I		O		S	
J	O	U	R	N	A	L	S		R	I	C	H
	N		A		R		G		K		E	
T	I	N	Y		E	Q	U	A	T	I	N	G
	S		O		N		S		O		C	
S	T	A	N	Z	A		T	I	P	P	E	D

2

B	A	T	H	T	U	B		K	O	A	L	A
U		R		O		O	W	L		V		B
S	H	A	D	O	W	S		A	L	I	B	I
E		G		L		S	I	X		A		D
S	P	I	N		J			O	A	R		I
		C	I	T	I	Z	E	N		Y	E	N
C			L		B		A		F			G
H	A	S		D	E	B	T	O	R	S		
A		L	E	E			S		Y	E	L	L
N		I		R	U	M		U		Q		I
C	A	C	T	I		U	N	S	T	U	C	K
E		E		D	O	G		E		E		E
S	I	D	L	E		S	C	R	O	L	L	S

3

D	O	Z	E	D		B	A	C	K	L	O	G
E		O		E		U		O		I		L
S	L	O	G	A	N	S		L	O	T	T	O
I		L		L				U				S
G	R	O	W	T	H	S		M	E	M	O	S
N		G				E		N		O		Y
	P	I	C	T	U	R	E	S	Q	U	E	
J		S		A		V				S		P
O	P	T	I	C		E	X	C	I	T	E	S
I				T				A		A		A
S	H	E	L	F		C	Y	N	I	C	A	L
T		M		U		R		O		H		M
S	Q	U	A	L	L	Y		E	V	E	N	S

4

R	E	V	O	L	V	E		S	P	A	W	N
	X		R		I		G		A		A	
S	T	A	T	E	S	M	A	N	L	I	K	E
	R		H		T		Z				I	
S	A	B	O	T	A	G	E		S	I	N	K
	S		D				B		L		G	
		P	O	R	T	F	O	L	I	O		
	Q		X		I				T		A	
J	U	R	Y		M	O	O	R	H	E	N	S
	E				E		U		E		N	
A	U	T	H	O	R	I	T	A	R	I	A	N
	E		O		S		D		E		L	
A	D	O	P	T		C	O	L	D	E	S	T

5

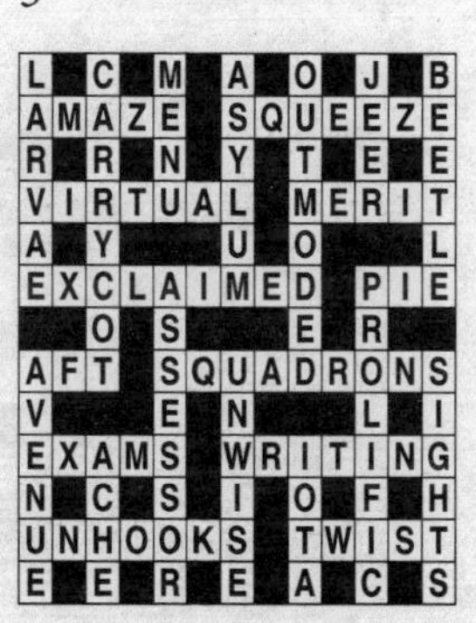

L		C		M		A		O		J		B
A	M	A	Z	E		S	Q	U	E	E	Z	E
R		R		N		Y		T		E		E
V	I	R	T	U	A	L		M	E	R	I	T
A		Y				U		O				L
E	X	C	L	A	I	M	E	D		P	I	E
		O		S				E		R		
A	F	T		S	Q	U	A	D	R	O	N	S
V				E		N				L		I
E	X	A	M	S		W	R	I	T	I	N	G
N		C		S		I		O		F		H
U	N	H	O	O	K	S		T	W	I	S	T
E		E		R		E		A		C		S

6

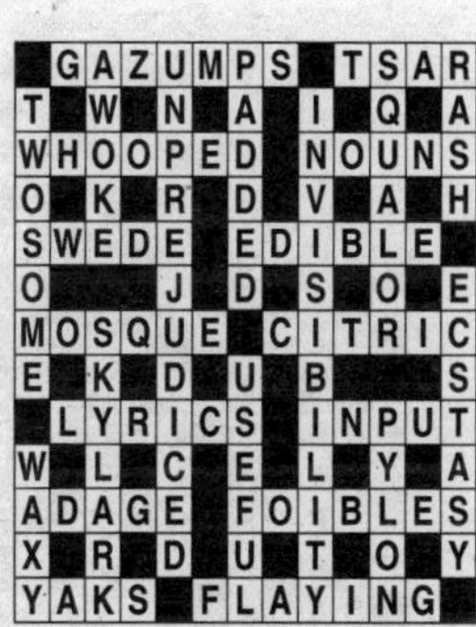

	G	A	Z	U	M	P	S		T	S	A	R
T		W		N		A		I		Q		A
W	H	O	O	P	E	D		N	O	U	N	S
O		K		R		D		V		A		H
S	W	E	D	E		E	D	I	B	L	E	
O				J		D		S		O		E
M	O	S	Q	U	E		C	I	T	R	I	C
E		K		D		U		B				S
	L	Y	R	I	C	S		I	N	P	U	T
W		L		C		E		L		Y		A
A	D	A	G	E		F	O	I	B	L	E	S
X		R		D		U		T		O		Y
Y	A	K	S		F	L	A	Y	I	N	G	

7

MARSEILLE

#	S	K	U	N	K	#	E	Q	U	I	P	#
S	#	I	#	E	#	#	#	U	#	M	#	F
O	U	T	W	I	T	#	G	E	R	B	I	L
L	#	T	#	G	#	C	#	S	#	I	#	A
I	N	E	X	H	A	U	S	T	I	B	L	Y
D	#	N	#	B	#	T	#	I	#	E	#	S
#	#	#	R	O	L	L	M	O	P	#	#	#
S	#	J	#	U	#	A	#	N	#	Z	#	M
P	R	O	G	R	E	S	S	I	V	E	L	Y
A	#	T	#	H	#	S	#	N	#	N	#	R
S	I	T	C	O	M	#	U	G	L	I	E	R
M	#	E	#	O	#	#	#	L	#	T	#	H
#	G	R	A	D	E	#	M	Y	T	H	S	#

8

#	M	#	J	#	U	#	V	#	M	#	C	#
L	I	Q	U	O	R	#	A	N	Y	W	A	Y
#	N	#	G	#	G	N	U	#	T	#	J	#
E	G	G	S	#	E	#	N	#	H	O	O	F
#	L	#	#	E	D	I	T	S	#	#	L	#
K	E	B	A	B	#	D	#	L	A	T	E	X
#	#	A	#	B	A	L	S	A	#	O	#	#
W	O	R	S	E	#	E	#	P	I	T	C	H
#	U	#	#	D	I	S	K	S	#	#	R	#
S	T	O	W	#	M	#	N	#	F	L	A	G
#	F	#	A	#	P	R	O	#	U	#	Z	#
F	I	T	F	U	L	#	W	O	R	K	E	D
#	T	#	T	#	Y	#	N	#	Y	#	S	#

9

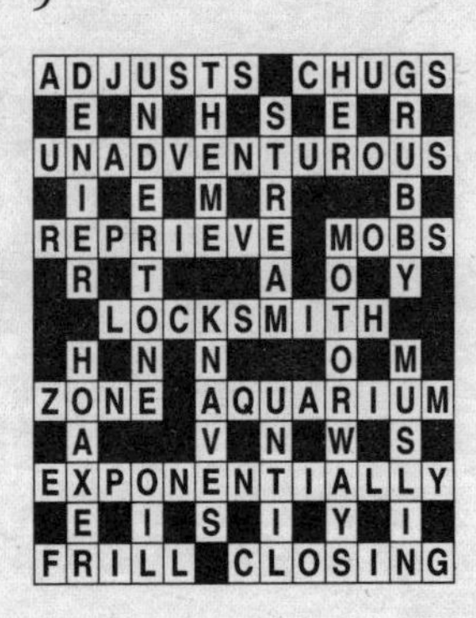

10

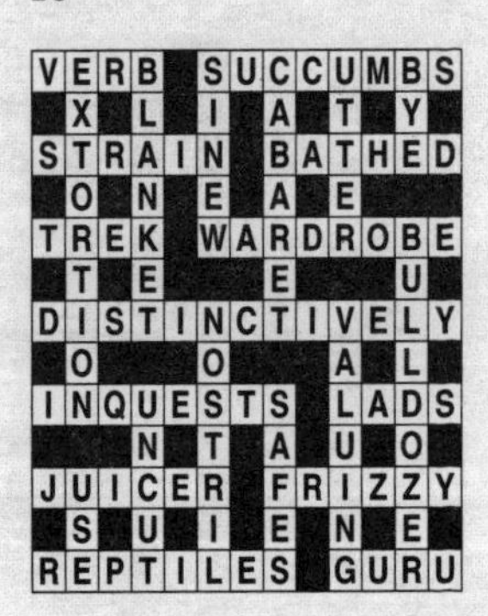

11

12

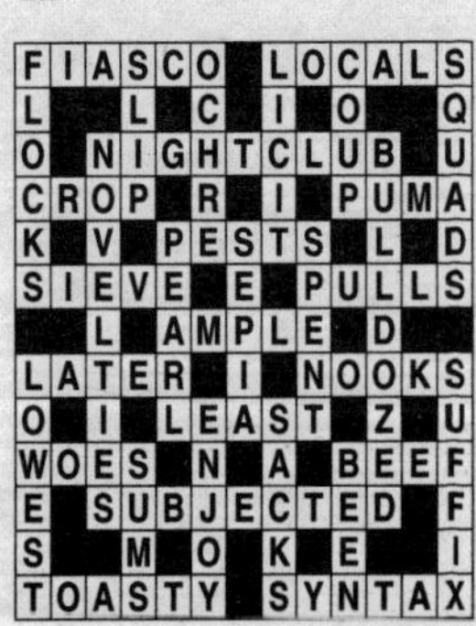

The Times Codeword

13

	S	A	F	E	G	U	A	R	D	E	D	
O		N		L		N		A		T		C
R	A	D	I	O	A	C	T	I	V	I	T	Y
B				N		O		N		Q		C
I	N	T	E	G	E	R	S		H	U	R	L
T		I		A		K		D		E		E
	E	M	P	T	Y		J	E	T	T	Y	
C		E		E		W		F		T		P
L	I	P	S		C	I	T	I	Z	E	N	S
O		I		A		M		C				A
U	N	E	X	C	E	P	T	I	O	N	A	L
D		C		E		L		T		U		M
	R	E	A	S	S	E	S	S	I	N	G	

14

NEWSPAPER

S	P	E	A	R		P	A	T	R	I	O	T
E		X		H		U		A		L		E
S	A	P	L	I	N	G		B	U	L	G	E
A		O		N				U				T
M	I	N	N	O	W	S		L	E	E	C	H
E		E				T		A		V		E
	A	N	T	I	Q	U	A	R	I	A	N	
O		T		N		M				L		N
O	U	S	T	S		P	E	R	J	U	R	Y
Z				I				O		A		M
I	R	O	N	S		R	O	O	F	T	O	P
N		W		T		O		S		E		H
G	U	E	S	S	E	D		T	U	S	K	S

15

	T	I	M	I	D	L	Y		A	B	U	T
A		D		N		I		O		O		O
B	A	I	L	E	Y	S		V	I	N	Y	L
O		O		X		P		E		A		L
L	I	M	I	T		E	R	R	A	N	D	
I				R		D		G		Z		R
S	T	A	T	I	C		B	E	W	A	R	E
H		T		C		C		N				V
	A	T	T	A	C	H		E	X	U	D	E
A		A		B		E		R		N		N
F	O	C	A	L		Q	U	O	T	I	N	G
A		K		Y		U		U		T		E
R	O	S	Y		J	E	R	S	E	Y	S	

16

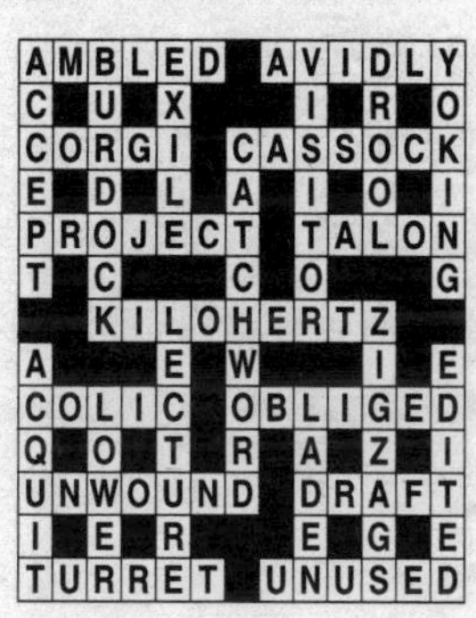

17

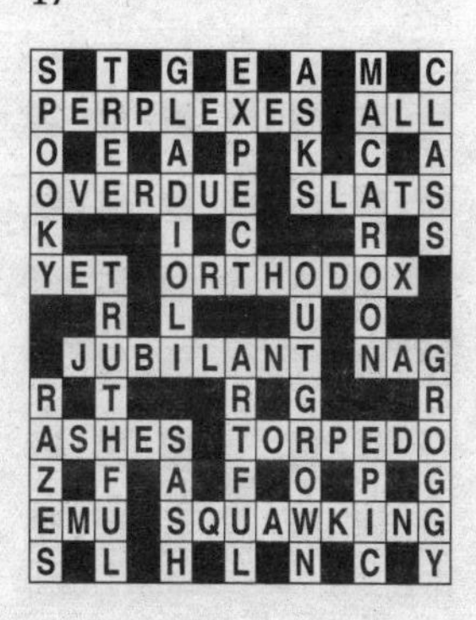

18

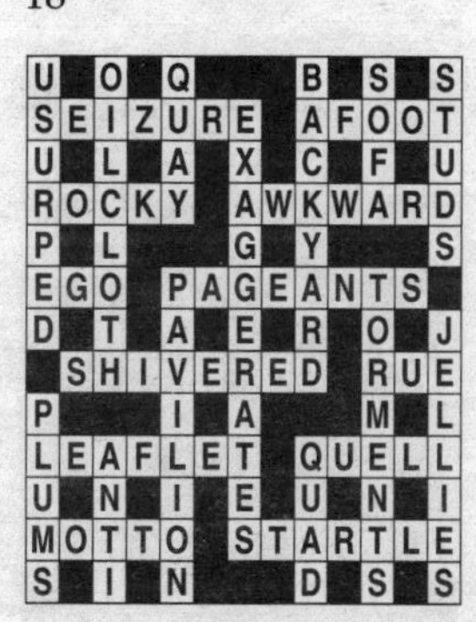

19

	A		M		G		U		T		J	
A	C	Q	U	I	R	E	S		O	V	A	L
	H		T		A		E		R		Y	
S	E	X	T	O	N		S	H	R	E	W	S
			O		U				I		A	
B	L	U	N	T	L	Y		I	D	Y	L	L
	E				E		F				K	
O	F	F	A	L		P	R	O	C	E	S	S
	T		M				A		R			
C	O	B	A	L	T		M	O	U	N	D	S
	V		Z		U		I		M		I	
C	E	D	E		S	O	N	G	B	I	R	D
	R		D		K		G		S		T	

20

S	E	V	E	N	T	H		E	J	E	C	T
	C		Q		U		V		U		H	
T	H	R	U	S	T		E	A	R	W	I	G
	O		I		U		S		O		N	
H	E	N	N	A		S	P	I	R	I	T	S
	D		O		A		E				Z	
		E	X	U	B	E	R	A	N	T		
	J				D		S		A		B	
W	O	R	K	O	U	T		D	R	I	L	L
	Y		N		C		F		R		A	
C	O	G	E	N	T		A	M	O	U	N	T
	U		A		S		L		W		K	
A	S	I	D	E		C	L	O	S	E	S	T

21

	Q		Z		C		Q		A		A	
T	U	X	E	D	O		U	N	J	U	S	T
	A		A		U		I		A		H	
O	R	A	L		P	A	R		R	O	O	D
	R				L		K				R	
B	Y	G	O	N	E		S	O	B	B	E	D
			F						U			
S	W	I	F	T	S		A	U	T	H	O	R
	O				T		B				X	
P	L	U	S		R	I	B		S	T	Y	E
	V		L		I		E		E		G	
R	E	V	A	M	P		Y	A	W	N	E	D
	S		T		E		S		N		N	

OURSELVES

22

J	U	M	P	I	N	G		B	U	F	F	S
A		I		M		E		O		A		I
V	E	N	O	M		N	U	M	B	I	N	G
E		I		U		I		B		L		H
L	U	M	I	N	O	U	S		Q	U	I	T
I				I		S		D		R		
N	U	D	I	T	Y		T	R	U	E	S	T
		A		Y		H		U				E
A	C	M	E		T	U	R	N	O	V	E	R
W		S		Z		N		K		I		R
F	L	E	X	I	N	G		A	R	O	M	A
U		L		P		E		R		L		I
L	A	S	T	S		R	E	D	R	A	W	N

23

	I	S	L	E	S		L	A	R	V	A	
G		Y		L		F		D		E		F
U	R	N		F	J	O	R	D		G	N	U
L		O				R				A		R
L	U	D	O		I	M	P		A	N	O	N
I			O	W	N		A	I	L			I
B	U	Z	Z		L		S		T	U	G	S
I			E	W	E		T	O	O			H
L	O	R	D		T	E	A		S	E	M	I
I		O				T				X		N
T	O	W		C	O	C	K	Y		P	E	G
Y		D		U		H		O		E		S
	T	Y	P	E	S		Q	U	I	L	T	

24

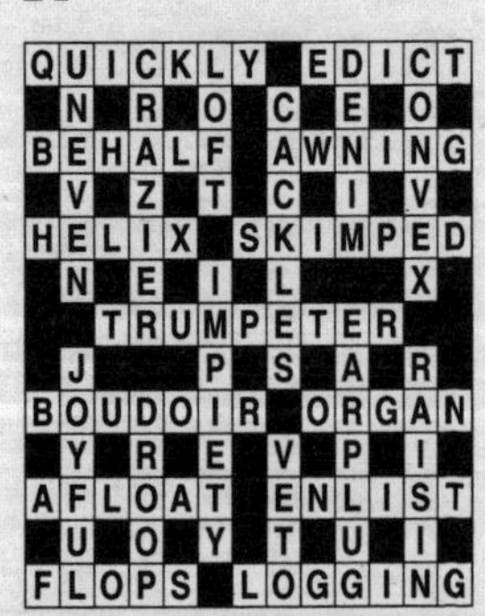

Q	U	I	C	K	L	Y		E	D	I	C	T
	N		R		O		C		E		O	
B	E	H	A	L	F		A	W	N	I	N	G
	V		Z		T		C		I		V	
H	E	L	I	X		S	K	I	M	P	E	D
	N		E		I		L				X	
		T	R	U	M	P	E	T	E	R		
	J				P		S		A		R	
B	O	U	D	O	I	R		O	R	G	A	N
	Y		R		E		V		P		I	
A	F	L	O	A	T		E	N	L	I	S	T
	U		O		Y		T		U		I	
F	L	O	P	S		L	O	G	G	I	N	G

25

V	A	U	L	T	S		P	O	R	T	A	L
	P		A		U		R		E		R	
Z	A	N	Y		P	R	O	T	R	A	C	T
	R		E		P				U		H	
S	T	E	R	E	O		J	I	N	X	E	D
			E		S		U				R	
U	S	E	D		I	O	N		T	O	Y	S
	Q				N		C		W			
N	U	T	M	E	G		T	H	I	G	H	S
	A		A				I		N		A	
F	L	A	M	I	N	G	O		K	E	R	B
	L		B		I		N		L		S	
E	S	C	O	R	T		S	C	Y	T	H	E

26

C	H	E	W		S	M	A	S	H	
O		N		C		A		A		V
A	C	T		R	I	S	O	T	T	O
X		A		I		C		I		L
	J	I	L	T		A	N	N	U	L
		L		I		R				E
S	K	I		C	R	A	Z	I	L	Y
E		N			O			N		E
L	E	G	E	N	D	S		F	E	D
E				E		T		O		
C	R	E	E	P		O	U	R	S	
T		Q		H		A		M		O
O	P	U	L	E	N	T		I	N	N
R		A		W		S		N		L
	B	L	I	S	S		U	G	L	Y

27

A	L	G	A	E		F	L	E	E	S
S		U		Q		R		A		A
S	U	F	F	U	S	E		S	I	T
E		F		I		E		E		I
S	P	A		P	U	Z	Z	L	E	R
		W		S		E				I
B	A	I	T		C	R	I	S	E	S
L		N			U			P		T
A	U	G	U	S	T		D	I	M	S
C				U		T		L		
K	N	O	B	B	L	Y		L	A	W
J		Z		T		C		O		I
A	G	O		E	V	O	L	V	E	D
C		N		X		O		E		T
K	N	E	L	T		N	O	R	T	H

28

S	Q	U	I	D		F	R	O	Z	E
P		S		O		E		V		L
E	R	U	P	T		W	E	E	K	S
C		R				E		R		E
T	Y	P	E	S	C	R	I	P	T	
A				C				O		C
T	H	E	O	R	E	M		W	H	O
O		X		A		I		E		M
R	A	P		G	U	M	D	R	O	P
S		L				E				L
	P	O	S	S	E	S	S	I	V	E
G		D		W				C		T
A	G	I	L	E		J	U	I	C	E
L		N		P		I		N		L
L	I	G	H	T		B	U	G	G	Y

POTASSIUM

29

E		A		F		I		E		B
Y	O	D	E	L		N	O	V	E	L
E		J		O		G		E		O
S	T	O	I	C	A	L		N	O	W
O		U		K		E				I
R	A	R	E		U	N	I	S	O	N
E		N		M		O		T		G
	D	I	S	A	V	O	W	A	L	
A		N		N		K		T		H
M	A	G	P	I	E		T	U	N	A
A				F		S		E		N
Z	I	P		E	X	C	U	S	E	D
I		U		S		O		Q		B
N	I	G	H	T		F	A	U	N	A
G		S		O		F		E		G

30

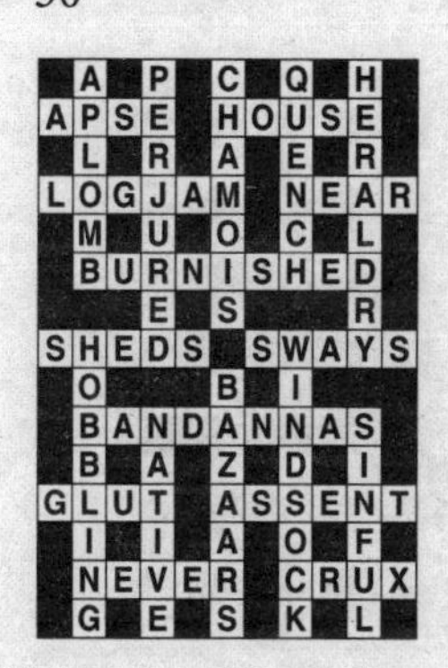

	A		P		C		Q		H	
A	P	S	E		H	O	U	S	E	
	L		R		A		E		R	
L	O	G	J	A	M		N	E	A	R
	M		U		O		C		L	
	B	U	R	N	I	S	H	E	D	
			E		S				R	
S	H	E	D	S		S	W	A	Y	S
	O				B		I			
	B	A	N	D	A	N	N	A	S	
	B		A		Z		D		I	
G	L	U	T		A	S	S	E	N	T
	I		I		A		O		F	
	N	E	V	E	R		C	R	U	X
	G		E		S		K		L	

31

V	I	G	O	R	O	U	S			C
O		I		A		N		B		U
L	U	M	P	S		A	X	L	E	S
T		M		H		B		O		T
S	L	I	P		T	A	T	T	O	O
		C		B		T				D
A	N	K	L	E		E	N	T	R	Y
F				Q		D		E		
F	U	N	G	U	S		G	R	A	B
O		U		E		J		M		R
R	U	M	B	A		A	L	I	B	I
D		B		T		Z		N		N
S			W	H	I	Z	Z	I	N	G

32

	M		C		S		S		G	
R	O	T	A	R	Y		P	L	U	S
	O		V		M		O		Z	
A	N	T	I		B	R	O	N	Z	E
			A		O		K		L	
A	M	O	R	A	L		S	L	I	M
	A								N	
T	R	U	E		W	R	O	N	G	S
	Q		X		I		B			
M	U	T	U	A	L		J	E	E	P
	E		D		F		E		M	
C	E	D	E		U	R	C	H	I	N
	S		D		L		T		R	

33

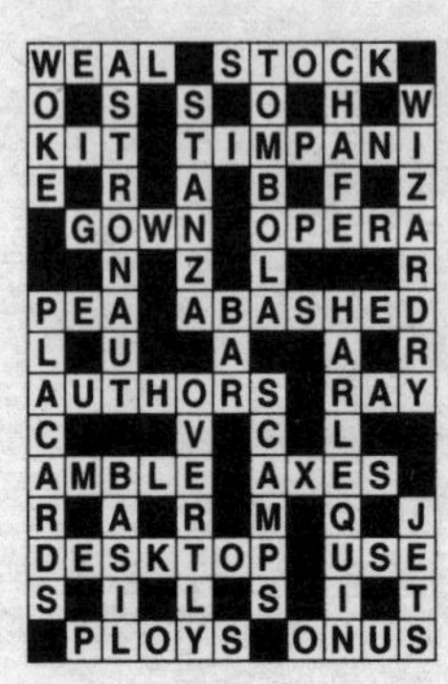

34

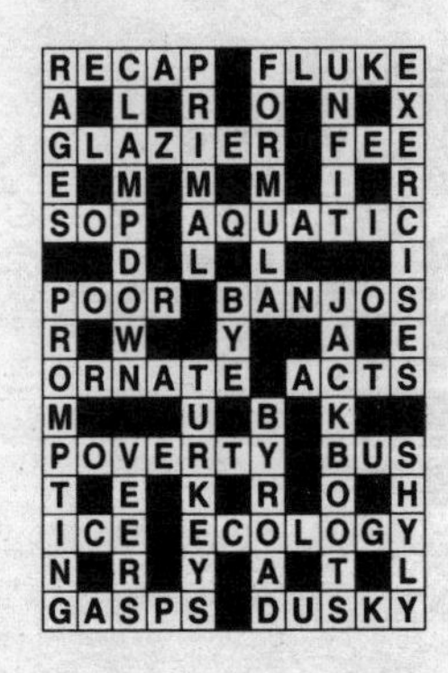

35

36

37

38

W	O	O	D	C	H	I	P			H
H		V		U		N		A		I
A	D	E	P	T		J	A	C	K	S
R		R		S		U		E		T
F	L	A	K		F	R	E	S	C	O
		L		S		I				R
A	L	L	O	W		N	A	P	P	Y
M				A		G		R		
E	Q	U	I	N	E		Z	E	A	L
N		L		S		B		T		O
D	I	N	G	O		O	B	E	Y	S
E		A		N		U		X		E
D			A	G	I	T	A	T	O	R

39

40

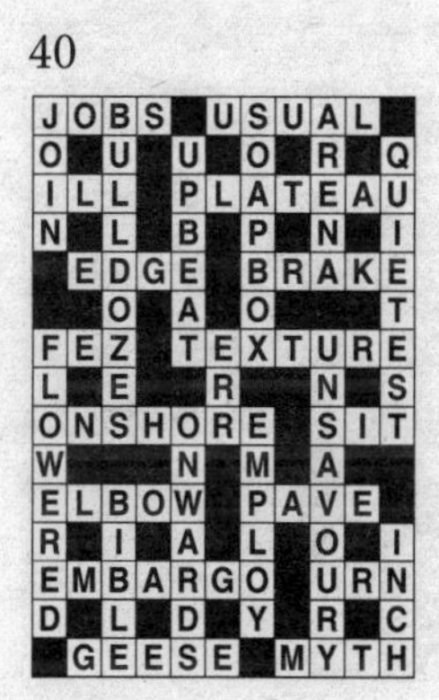

41

42

RECTANGLE

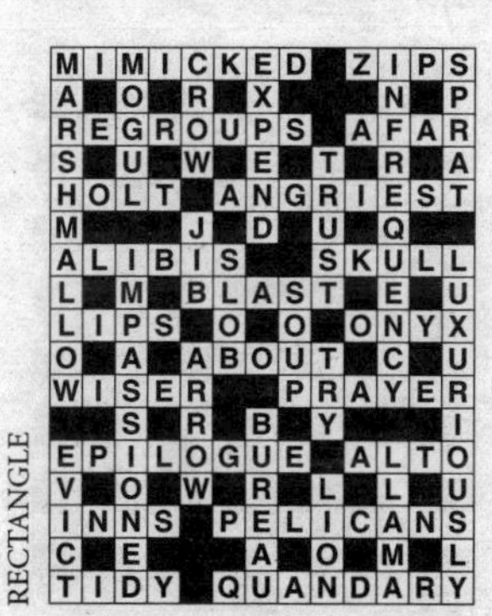

43

E	M	U	S		M	A	R	J	O	R	A	M
X		P		R		L		A		A		O
P	E	P	P	E	R	S		B	I	G	O	T
A		E		V		O		B				O
N	O	R	M	A	L		M	I	R	R	O	R
D				M		B		N		E		W
E	Q	U	I	P	P	I	N	G		V	I	A
D		N		E		S				E		Y
		A	B	D	U	C	T	I	O	N		
T		R				U		D		G		E
R	U	M		L	O	I	T	E	R	E	R	S
I		E		I		T		N				C
C	A	D	E	T	S		S	T	U	C	C	O
K				E		Z		I		H		R
I	N	C	U	R		O	F	F	B	E	A	T
N		O		A		O		Y		A		E
G	H	O	U	L	I	S	H		S	P	E	D

44

E	C	S	T	A	T	I	C		E	L	S	E
	A		E		U		O		X		N	
S	P	I	L	L	S		N	A	T	I	O	N
	S		E		K		V		O		W	
B	I	N	G	O		D	I	S	R	O	B	E
	Z		R		S		N		T		A	
P	E	D	A	N	T	I	C		S	O	L	E
			P		R		I				L	
A	S	T	H	M	A		N	U	D	I	S	M
	Q				I		G		I			
C	U	R	B		T	E	L	E	G	R	A	M
	E		R		J		Y		N		S	
A	L	M	A	N	A	C		W	I	S	P	Y
	C		Z		C		S		F		H	
S	H	R	I	N	K		C	L	I	M	A	X
	E		E		E		A		E		L	
T	S	A	R		T	I	M	I	D	I	T	Y

45

W	O	R	S	H	I	P	S		T	O	R	S
	R		Q		C		A		O		O	
M	I	N	U	T	E		U	N	L	O	A	D
	G		E		S		N		E		D	
L	A	T	E	X		F	A	R	R	O	W	S
	M		Z		O				A		O	
S	I	Z	E	A	B	L	E		N	O	R	M
		O			E		N		C		K	
S	T	O	C	K	Y		D	R	E	S	S	Y
	R		H		E		I			K		
H	I	K	E		D	I	V	I	N	I	N	G
	B		Q				E		U		O	
J	U	G	U	L	A	R		S	C	A	M	P
	T		E		L		A		L		A	
P	A	R	R	O	T		S	T	E	A	D	Y
	R		E		E		K		A		I	
E	Y	E	D		R	E	S	T	R	I	C	T

46

Q	U	I	T		M	A	R		S	I	Z	E
U			W	O	E		A	R	C			X
A	N	T	I		N		S		A	I	D	E
K			R	O	U	G	H	E	R			R
E	V	I	L			U			F	A	C	T
		N		E	V	E	N	S		B		
A	F	F	I	X		S		H	U	S	K	Y
L		I		E	X	T	R	A		C		O
O	A	R		C				V		O	I	L
O		M		U	N	C	L	E		N		K
F	O	I	S	T		O		R	I	D	E	S
		T		E	U	R	O	S		E		
J	O	Y	S			A			F	R	E	E
U			T	A	B	L	E	A	U			B
M	A	T	E		A		W		L	I	M	B
P			A	P	T		E	E	L			E
Y	A	N	K		H	A	S		Y	A	R	D

47

R	E	B	U	F	F		R	E	V	E	A	L
	R		S		I		I		A		L	
J	O	K	E		Z	I	P		T	U	B	A
	D				Z						U	
Z	E	R	O		I	M	P		S	A	M	E
			W		E		I		T			
A	N	G	L	E	R		V	A	I	N	L	Y
	Y						O		L		U	
A	M	P	S		R	U	T		L	Y	N	X
	P		I		I						A	
P	H	O	T	O	S		S	A	V	E	R	S
			E		K		Q		E			
L	A	I	D		Y	O	U		T	A	G	S
	I						A				R	
O	D	E	S		S	O	W		T	O	O	L
	E		E		U		K		W		W	
E	S	T	E	E	M		S	C	O	W	L	S

48

	U	S	E	S		A	C	C	E	P	T	
Z		T		Q		P		U		I		E
E	V	A	C	U	E	E		R	E	L	A	X
A		G		I		R		R		L		P
L	I	N	E	R		I	T	E	M	I	S	E
O		A		R	O	T		N		O		N
T	I	T	L	E		I	N	T	E	N	D	S
		E		L		F			G			E
R	U	D	E	S	T		S	H	O	C	K	S
E			A			D		I		O		
A	P	P	R	O	V	E		J	U	M	P	S
D		O		U		T	E	A		M		U
M	I	L	I	T	I	A		C	R	U	M	B
I		Y		G		C		K		N		U
T	I	G	E	R		H	A	I	R	I	E	R
S		O		O		E		N		S		B
	G	N	A	W	E	D		G	U	M	S	

49

A		R		S		D		F		S		T
B	L	A	C	K	B	A	L	L		P	E	A
O		N		I		I		U		U		X
V	I	G	I	L		R	O	S	T	R	U	M
E				F		Y		T				A
	S	H	R	U	G		D	E	A	F	E	N
O		A		L		U		R		I		
P	U	Z	Z	L	I	N	G		K	N	E	W
T		A		Y		L		J		A		O
S	U	R	F		J	E	W	E	L	L	E	R
		D		R		T		T		L		D
C	A	S	H	E	W		S	T	A	Y	S	
O				Q		S		I				P
V	I	A	D	U	C	T		S	O	B	E	R
I		L		E		O		O		I		O
N	I	L		S	T	R	O	N	G	B	O	X
G		Y		T		K		S		S		Y

50

A		C		E		K		M		M		E
F	R	A	G	M	E	N	T	A	T	I	O	N
F		T		I		A		I		L		D
O	C	C	U	R		P	U	Z	Z	L	E	S
R		H				S		E		E		
D	O	W	N	B	E	A	T		A	D	D	S
		O		E		C		P				T
A	C	R	I	D		K	I	L	L	J	O	Y
C		D		S				U		I		E
H	U	S	K	I	E	S		R	U	N	T	S
E				T		H		A		G		
D	R	U	G		B	A	L	L	R	O	O	M
		N		M		M				I		O
F	O	R	G	A	V	E		F	U	S	E	D
A		U		Y		F		L		T		E
C	O	L	L	O	Q	U	I	A	L	I	S	M
E		Y		R		L		X		C		S

51

D	O	G	S	B	O	D	Y		M	E	S	H
I		A		O		A				X		U
S	Q	U	E	L	C	H	Y		S	C	U	M
T		Z		T		L		O		E		A
U	S	E	D		W	I	N	G	S	P	A	N
R				H		A		L		T		
B	A	N	D	I	T			E	V	I	L	S
A		U		D	O	Z	E	D		O		U
N	U	T	S		R		P		S	N	U	B
C		C		U	N	L	I	T		A		D
E	A	R	L	S			C	H	I	L	L	I
		A		H		P		E				V
B	I	C	K	E	R	E	D		S	E	M	I
L		K		R		D		J		L		S
E	Y	E	S		M	A	C	A	R	O	N	I
E		R				L		D		P		O
P	U	S	H		F	O	R	E	S	E	E	N

52

J	O	Y	F	U	L		V	E	S	S	E	L
	A		L		A		A		C		X	
O	K	R	A		G	I	N		R	O	T	S
			W						U		I	
J	E	R	S	E	Y		D	E	B	U	N	K
	P				A		O				C	
T	O	M	O	R	R	O	W		F	I	T	S
	C		D		N		N		R			
T	H	R	O	W				D	I	V	A	N
			U		I		A		Z		N	
U	S	E	R		M	A	G	A	Z	I	N	E
	Q				P		E				U	
Q	U	I	F	F	S		S	U	P	P	L	Y
	A		U						R			
F	L	A	N		E	L	F		O	A	F	S
	L		G		G		O		O		I	
A	S	K	I	N	G		R	E	F	E	R	S

53

O	C	C	U	R	R	E	D		P	E	E	P
R		H		U		L				X		R
T	R	A	N	S	F	I	X		S	A	G	O
H		L		T		C		F		M		N
O	A	K	S		W	I	E	L	D	I	N	G
P				Y		T		A		N		
A	I	S	L	E	S			P	I	A	N	O
E		T		S	L	U	R	S		T		V
D	O	O	R		A		A		J	I	B	E
I		C		A	B	Y	S	S		O		R
C	A	K	E	D			P	L	A	N	E	S
		P		M		C		Y				T
C	R	I	T	I	Q	U	E		V	E	E	R
R		L		T		C		P		A		E
A	C	I	D		S	K	Y	L	I	G	H	T
Z		N				O		O		L		C
Y	O	G	A		F	O	R	T	I	E	T	H

54

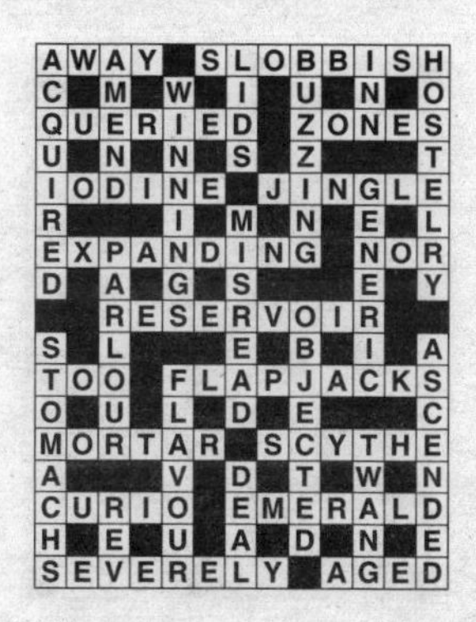

A	W	A	Y		S	L	O	B	B	I	S	H
C		M		W		I		U		N		O
Q	U	E	R	I	E	D		Z	O	N	E	S
U		N		N		S		Z				T
I	O	D	I	N	E		J	I	N	G	L	E
R				I		M		N		E		L
E	X	P	A	N	D	I	N	G		N	O	R
D		A		G		S				E		Y
		R	E	S	E	R	V	O	I	R		
S		L				E		B		I		A
T	O	O		F	L	A	P	J	A	C	K	S
O		U		L		D		E				C
M	O	R	T	A	R		S	C	Y	T	H	E
A				V		D		T		W		N
C	U	R	I	O		E	M	E	R	A	L	D
H		E		U		A		D		N		E
S	E	V	E	R	E	L	Y		A	G	E	D

55

S	T	R	A	D	D	L	E		A	L	S	O
	E		B		Y		F		B		W	
E	X	H	A	L	E		F	I	D	G	E	T
	T		S		D		E		O		E	
J	I	V	E	D		P	R	O	M	P	T	S
	L		M		N		V		E		C	
T	E	L	E	V	I	S	E		N	O	O	N
			N		G		S				R	
T	H	A	T	C	H		C	O	P	I	N	G
	A				T		E		I			
S	P	A	M		I	G	N	I	T	I	O	N
	H		O		N		T		C		P	
P	A	S	S	A	G	E		C	H	O	I	R
	Z		Q		A		S		F		N	
C	A	S	U	A	L		A	T	O	M	I	C
	R		E		E		R		R		O	
O	D	D	S		S	H	I	R	K	I	N	G

56

THACKERAY

S	P	I	T	T	I	N	G		S	U	M	P
	R		A		D		L		Y		A	
T	E	M	P	L	E		I	N	L	E	T	S
	Q		P		A		N		L		C	
L	U	R	I	D		A	T	T	A	C	H	E
	E		N		C				B		L	
F	L	A	G	S	H	I	P		L	E	E	K
			R		E		H		E		S	
W	H	E	E	Z	E		I	N	S	I	S	T
	I		X		S		A			C		
C	L	I	P		E	N	L	I	V	E	N	S
	A		R				S		A		E	
C	R	U	E	L	T	Y		T	R	A	W	L
	I		S		H		J		N		B	
L	O	O	S	E	R		U	N	I	S	O	N
	U		E		O		S		S		R	
A	S	K	S		B	O	T	C	H	I	N	G

57

R	A	N	D		V	I	A		T	A	X	I
O			I	R	E		N	O	W			N
B	U	Z	Z		T		T		I	D	O	L
E			Z	O	O	M	I	N	G			A
D	R	A	Y			E			S	P	R	Y
		B		A	O	R	T	A		E		
M	A	D	A	M		I		L	U	R	C	H
O		O		U	N	T	I	L		S		O
D	A	M		S				A		E	B	B
E		I		I	M	P	L	Y		V		B
L	I	N	E	N		L		E	N	E	M	Y
		A		G	O	U	R	D		R		
S	E	L	F			M			J	E	S	T
Q			L	U	M	B	A	G	O			R
U	N	D	O		Y		I		L	A	V	A
A			C	O	T		M	E	T			Y
T	U	S	K		H	A	S		S	I	N	S

58

S	E	P	T	I	C		J	A	C	K	A	L
	J		A		R		U		U		B	
F	E	R	N		A	C	T		E	C	H	O
	C				Z						O	
S	T	Y	E		I	M	P		B	I	R	D
			R		L		U		O			
C	R	E	A	K	Y		F	I	A	S	C	O
	O						F		R		I	
S	W	O	T		B	A	Y		D	I	V	A
	D		H		U						I	
M	Y	S	E	L	F		N	U	Z	Z	L	E
			M		F		O		I			
O	G	R	E		S	I	X		P	I	C	K
	A						I				O	
Q	U	A	D		W	H	O		D	A	R	N
	D		O		A		U		U		G	
S	Y	N	T	A	X		S	U	B	M	I	T

59

	G	A	L	A		F	L	E	X	E	D	
S		B		U		O		J		N		U
Q	U	I	E	T	E	R		E	L	F	I	N
U		L		O		E		C		O		C
I	D	I	O	M		L	A	T	E	R	A	L
B		T		A	D	O		E		C		A
S	H	I	R	T		C	U	D	G	E	L	S
		E		I		K			E			P
B	I	S	E	C	T		W	A	T	E	R	S
O			V			R		S		N		
D	I	S	E	A	S	E		C	R	A	Z	E
Y		T		Q		F	U	R		M		N
S	T	I	M	U	L	I		I	D	E	A	L
U		R		A		N		B		L		I
R	A	R	E	R		I	C	I	C	L	E	S
F		U		I		N		N		E		T
	S	P	R	A	N	G		G	O	D	S	

60

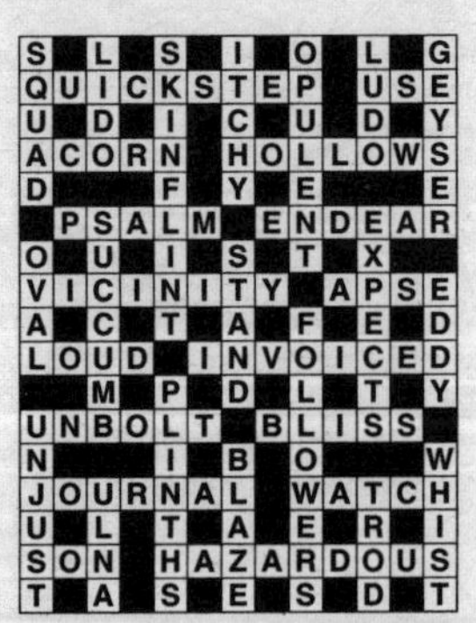

S		L		S		I		O		L		G
Q	U	I	C	K	S	T	E	P		U	S	E
U		D		I		C		U		D		Y
A	C	O	R	N		H	O	L	L	O	W	S
D				F		Y		E				E
	P	S	A	L	M		E	N	D	E	A	R
O		U		I		S		T		X		
V	I	C	I	N	I	T	Y		A	P	S	E
A		C		T		A		F		E		D
L	O	U	D		I	N	V	O	I	C	E	D
		M		P		D		L		T		Y
U	N	B	O	L	T		B	L	I	S	S	
N				I		B		O				W
J	O	U	R	N	A	L		W	A	T	C	H
U		L		T		A		E		R		I
S	O	N		H	A	Z	A	R	D	O	U	S
T		A		S		E		S		D		T

61

62

63

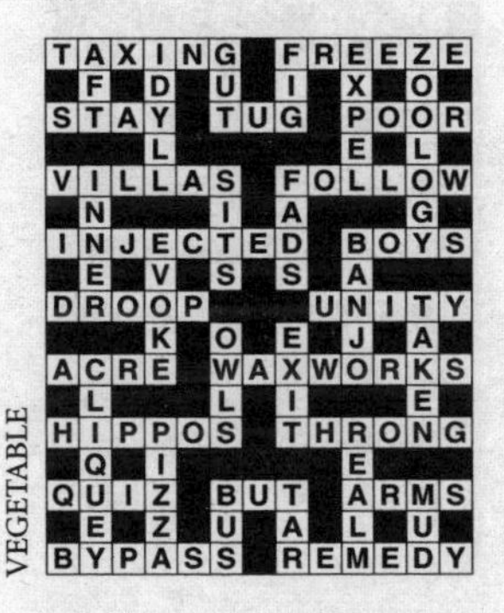

VEGETABLE

64

65

66

67

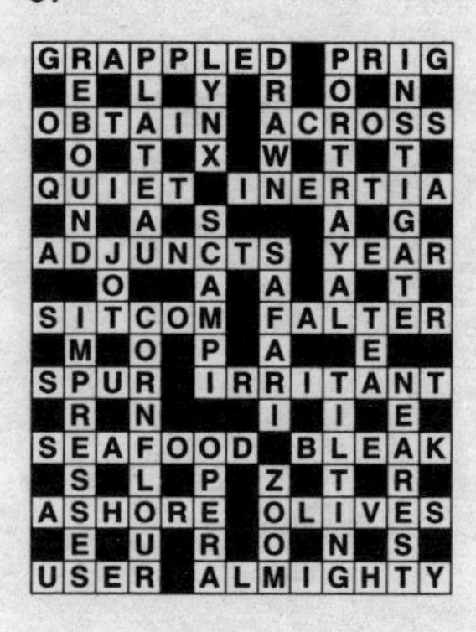

68

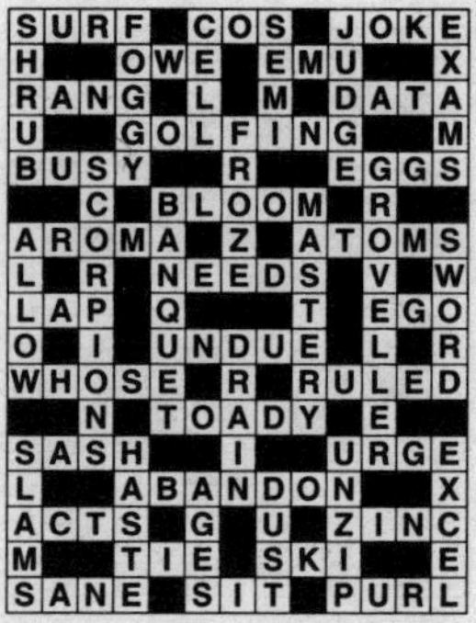

S	U	R	F	■	C	O	S	■	J	O	K	E
H	■	■	O	W	E	■	E	M	U	■	■	X
R	A	N	G	■	L	■	M	■	D	A	T	A
U	■	■	G	O	L	F	I	N	G	■	■	M
B	U	S	Y	■	■	R	■	■	E	G	G	S
■	■	C	■	B	L	O	O	M	■	R	■	■
A	R	O	M	A	■	Z	■	A	T	O	M	S
L	■	R	■	N	E	E	D	S	■	V	■	W
L	A	P	■	Q	■	■	■	T	■	E	G	O
O	■	I	■	U	N	D	U	E	■	L	■	R
W	H	O	S	E	■	R	■	R	U	L	E	D
■	■	N	■	T	O	A	D	Y	■	E	■	■
S	A	S	H	■	■	I	■	■	U	R	G	E
L	■	■	A	B	A	N	D	O	N	■	■	X
A	C	T	S	■	G	■	U	■	Z	I	N	C
M	■	■	T	I	E	■	S	K	I	■	■	E
S	A	N	E	■	S	I	T	■	P	U	R	L

69

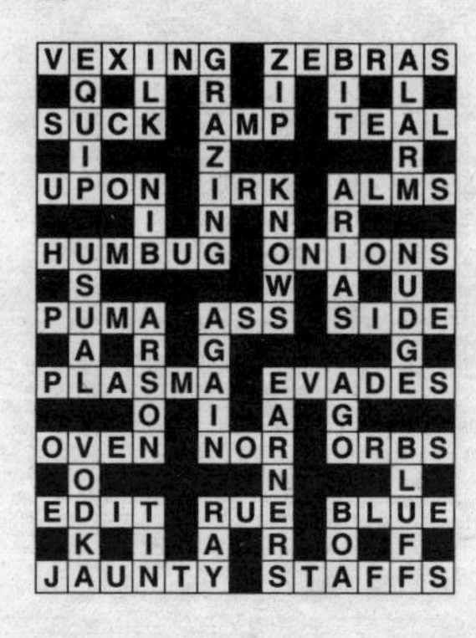

70

WAISTCOAT

■	Q	U	I	P	■	C	H	O	P	P	Y	■
P	■	N	■	O	■	A	■	F	■	O	■	F
H	E	A	D	S	E	T	■	F	E	R	A	L
O	■	B	■	S	■	A	■	I	■	T	■	O
B	R	A	V	E	■	L	U	C	K	I	E	R
I	■	S	■	S	P	Y	■	E	■	O	■	I
A	S	H	E	S	■	S	T	R	A	N	D	S
■	■	E	■	O	■	T	■	■	W	■	■	T
C	E	D	A	R	S	■	S	M	E	A	R	S
R	■	■	D	■	■	R	■	I	■	B	■	■
O	U	T	D	O	N	E	■	S	I	D	L	E
S	■	E	■	V	■	C	U	E	■	I	■	X
S	C	E	N	E	R	Y	■	R	E	C	A	P
B	■	N	■	R	■	C	■	A	■	A	■	I
A	M	A	Z	E	■	L	O	B	S	T	E	R
R	■	G	■	A	■	E	■	L	■	E	■	Y
■	J	E	T	T	E	D	■	E	N	D	S	■

71

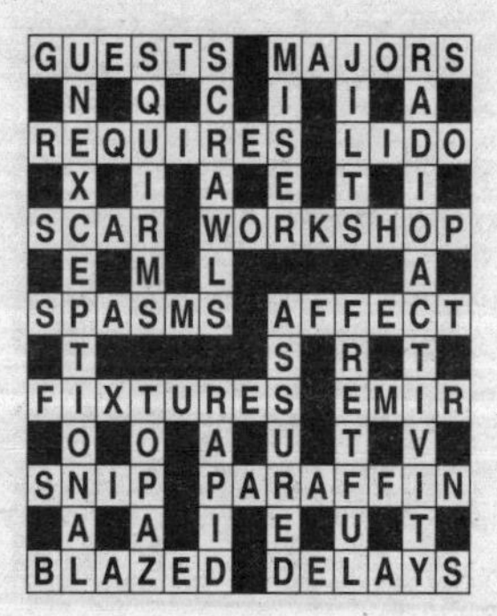

72

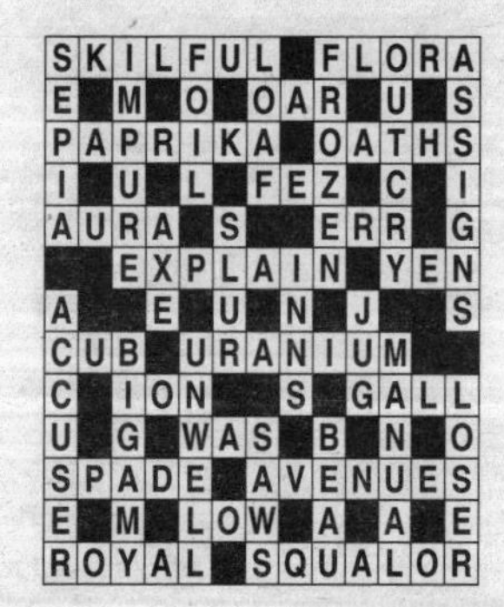

73

P	I	P	E	S		W	A	S	T	I	N	G
R		R		E		A		N		L		A
E	L	O	P	I	N	G		I	D	L	E	R
T		X		Z				P				I
T	R	I	C	E	P	S		P	A	C	T	S
Y		M				K		E		O		H
	D	I	S	Q	U	I	E	T	I	N	G	
B		T		U		M				V		S
R	H	Y	M	E		P	R	O	J	E	C	T
I				U				B		R		U
C	A	C	T	I		F	L	O	T	S	A	M
K		O		N		U		E		E		P
S	H	O	T	G	U	N		S	I	D	E	S

74

W	H	I	S	K	E	R		Z	O	O	M	S
	U		Q		N		O		W		O	
I	M	P	U	L	S	I	V	E	N	E	S	S
	M		A		U		E				Q	
H	E	A	D	G	E	A	R		P	L	U	G
	D		R				D		O		E	
		F	O	R	E	C	O	U	R	T		
	J		N		N				C		B	
Z	I	P	S		A	N	S	W	E	R	E	D
	N				C		C		L		D	
E	X	C	E	P	T	I	O	N	A	L	L	Y
	E		E		S		U		I		A	
O	D	D	L	Y		G	R	A	N	D	M	A

75

S		C		J		S		M		G		A
P	H	O	T	O		A	M	A	Z	I	N	G
E		N		I		L		D		L		R
A	N	T	E	N	N	A		R	I	D	G	E
K		O				M		I				E
S	Q	U	A	S	H	I	N	G		F	E	D
		R		O				A		I		
G	A	S		P	E	R	P	L	E	X	E	D
O				R		U				A		O
B	A	L	S	A		D	E	V	O	T	E	D
B		I		N		E		O		I		G
L	O	L	L	O	P	S		W	R	O	T	E
E		Y		S		T		S		N		D

76

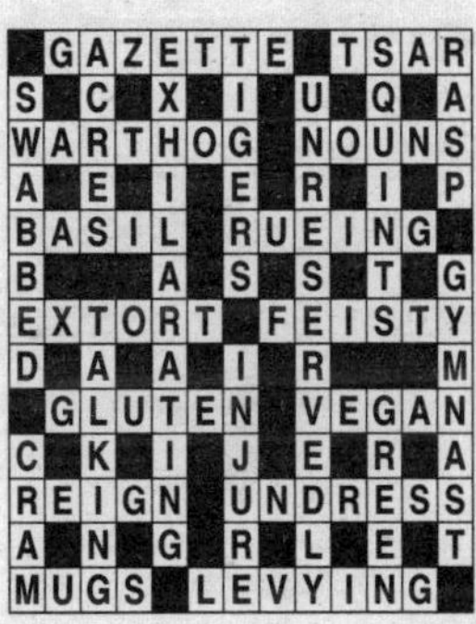

	G	A	Z	E	T	T	E		T	S	A	R
S		C		X		I		U		Q		A
W	A	R	T	H	O	G		N	O	U	N	S
A		E		I		E		R		I		P
B	A	S	I	L		R	U	E	I	N	G	
B				A		S		S		T		G
E	X	T	O	R	T		F	E	I	S	T	Y
D		A		A		I		R				M
	G	L	U	T	E	N		V	E	G	A	N
C		K		I		J		E		R		A
R	E	I	G	N		U	N	D	R	E	S	S
A		N		G		R		L		E		T
M	U	G	S		L	E	V	Y	I	N	G	

77

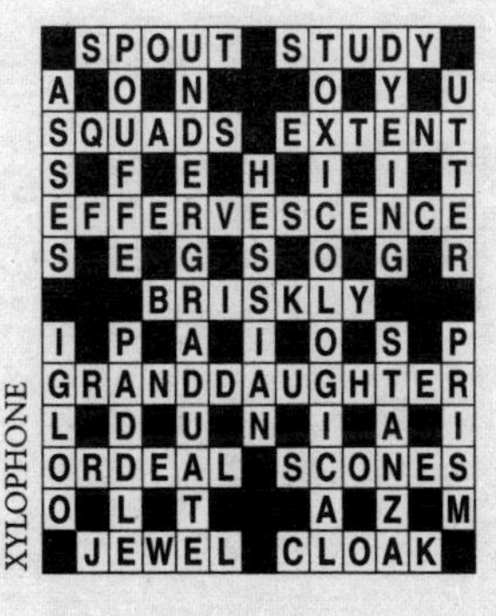

	S	P	O	U	T		S	T	U	D	Y	
A		O		N				O		Y		U
S	Q	U	A	D	S		E	X	T	E	N	T
S		F		E		H		I		I		T
E	F	F	E	R	V	E	S	C	E	N	C	E
S		E		G		S		O		G		R
		B	R	I	S	K	L	Y				
I		P		A		I		O		S		P
G	R	A	N	D	D	A	U	G	H	T	E	R
L		D		U		N		I		A		I
O	R	D	E	A	L		S	C	O	N	E	S
O		L		T				A		Z		M
	J	E	W	E	L		C	L	O	A	K	

XYLOPHONE

78

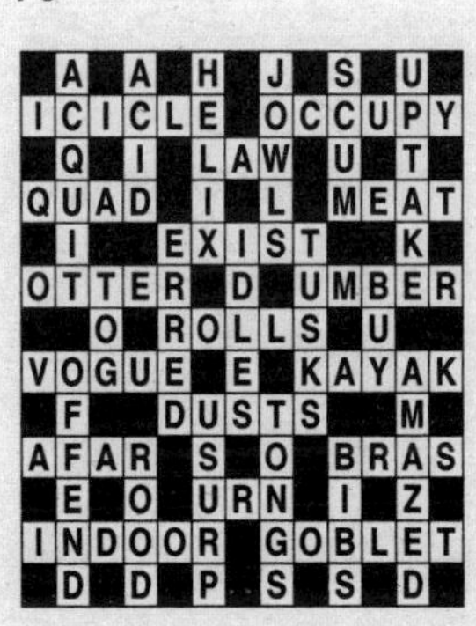

	A		A		H		J		S		U	
I	C	I	C	L	E		O	C	C	U	P	Y
	Q		I		L	A	W		U		T	
Q	U	A	D		I		L		M	E	A	T
	I			E	X	I	S	T			K	
O	T	T	E	R		D		U	M	B	E	R
		O		R	O	L	L	S		U		
V	O	G	U	E		E		K	A	Y	A	K
	F			D	U	S	T	S			M	
A	F	A	R		S		O		B	R	A	S
	E		O		U	R	N		I		Z	
I	N	D	O	O	R		G	O	B	L	E	T
	D		D		P		S		S		D	

79

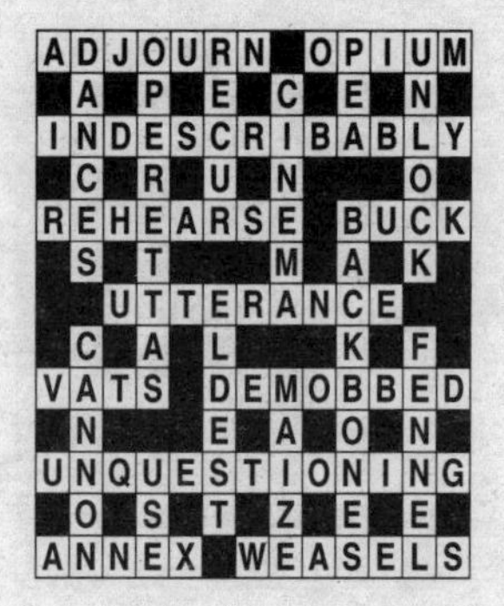

80

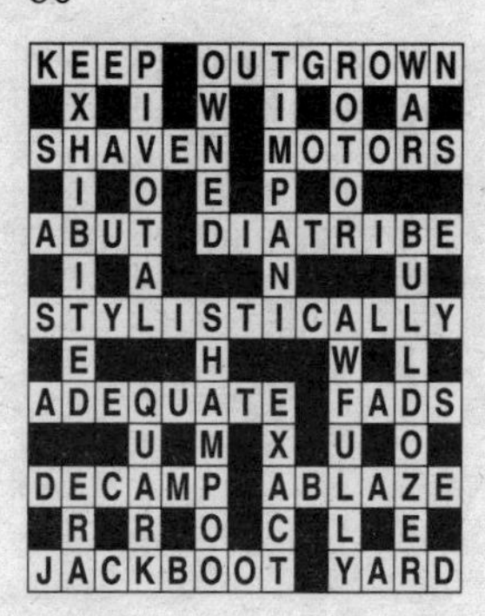

81

82

83

84

YESTERDAY

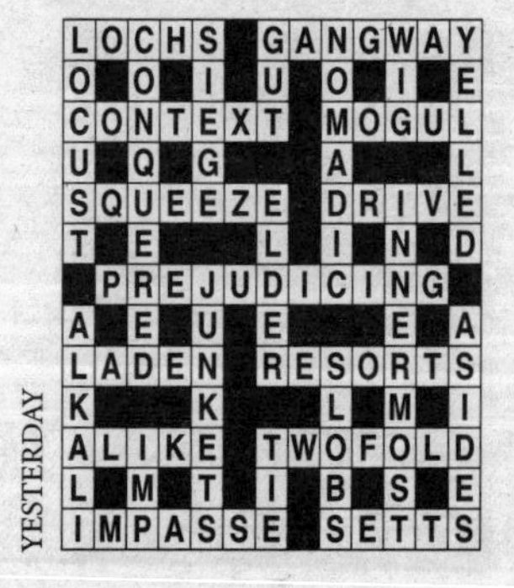

85

	E	V	A	S	I	V	E		A	J	A	R
S		I		U		E		I		O		E
C	R	O	W	B	A	R		N	O	B	L	E
U		L		S		M		T		L		F
T	E	A	S	E		I	R	O	N	E	D	
T				Q		N		X		S		F
L	A	B	O	U	R		F	I	A	S	C	O
E		L		E		T		C				R
	L	A	U	N	C	H		A	P	P	A	L
S		Z		T		A		T		A		O
K	N	E	E	L		T	W	I	T	T	E	R
I		R		Y		C		N		I		N
P	U	S	H		C	H	I	G	N	O	N	

86

E	M	B	O	S	S		U	D	D	E	R	S
X		A		U				Y		M		T
P	A	G	E	R		E	N	N	O	B	L	E
E		G		F		X		A		E		A
C	L	A	S	S	I	C		M	A	D	A	M
T		G				A		I				Y
		E	Q	U	I	V	O	C	A	L		
E				N		A				E		J
D	R	A	N	K		T	R	A	P	E	Z	E
I		B		N		E		D		C		R
B	O	Y	H	O	O	D		A	C	H	E	S
L		S		W				G		E		E
E	A	S	I	N	G		M	E	A	S	L	Y

87

T		O		C		F		O		I		K
R	E	V	E	A	L	I	N	G		N	U	N
I		E		T		N		L		S		E
V	I	N	T	A	G	E		E	X	T	O	L
I				C		S				A		T
A	R	C		O	U	T	S	H	I	N	E	
		O		M				Y		C		
	U	N	A	B	A	T	E	D		E	B	B
Z		J				W		R				O
E	Q	U	A	L		E	V	O	L	V	E	S
B		R		E		E		G		A		S
R	U	E		A	D	D	R	E	S	S	E	E
A		D		P		S		N		T		S

88

89

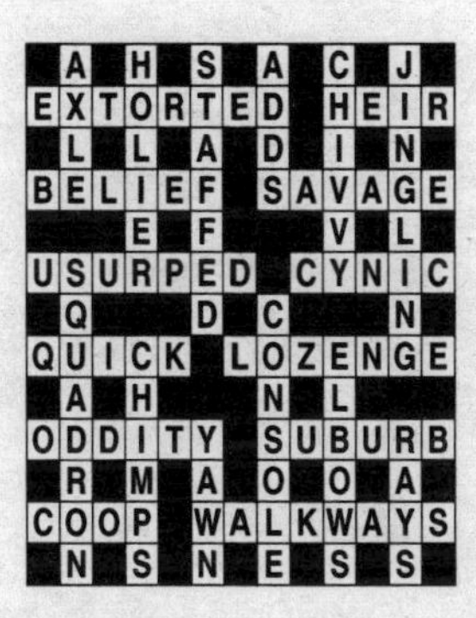

90

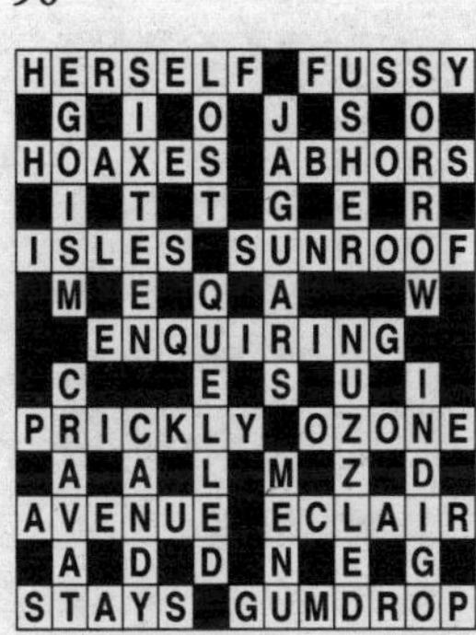

91

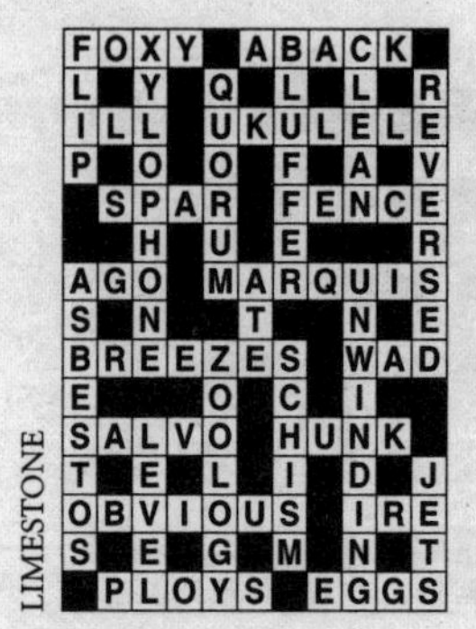

92

93

94

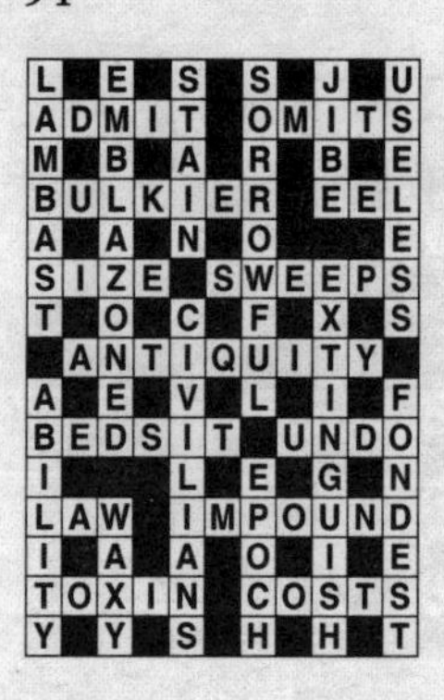

95

96

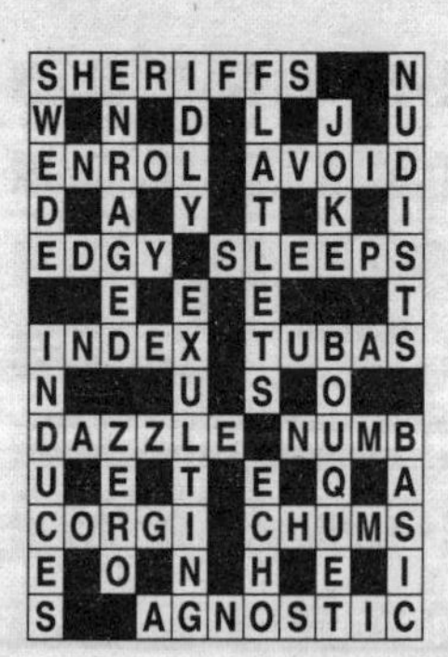

97

98

R	U	B	Y		S	T	O	V	E	
I		A		S		E		Y		P
P	U	N		E	A	R	L	I	E	R
S		Q		L		M		N		E
	C	U	R	D		I	N	G	O	T
		E		O		N				E
E	A	T		M	A	I	L	B	O	X
N		E			S			A		T
F	A	D	D	I	S	H		C	O	S
E				N		E		K		
E	N	D	O	W		R	U	T	S	
B		O		A		E		R		J
L	I	Z	A	R	D	S		A	P	E
E		E		D		Y		C		E
	G	N	A	S	H		S	K	I	P

KILOMETRE

99

A	D	U	L	T		S	A	C	K	S
O		N		O		O		L		C
R	O	L	L	M	O	P		E	R	R
T		U		C		R		A		A
A	R	C		A	N	A	G	R	A	M
		K		T		N				B
E	M	I	R		F	O	S	S	I	L
X		L			E			N		E
C	O	Y	O	T	E		J	O	G	S
A				W		U		W		
V	E	R	S	I	O	N		B	U	S
A		E		T		Z		O		H
T	I	E		C	L	I	Q	U	E	Y
O		K		H		P		N		L
R	I	S	K	Y		S	A	D	L	Y

100

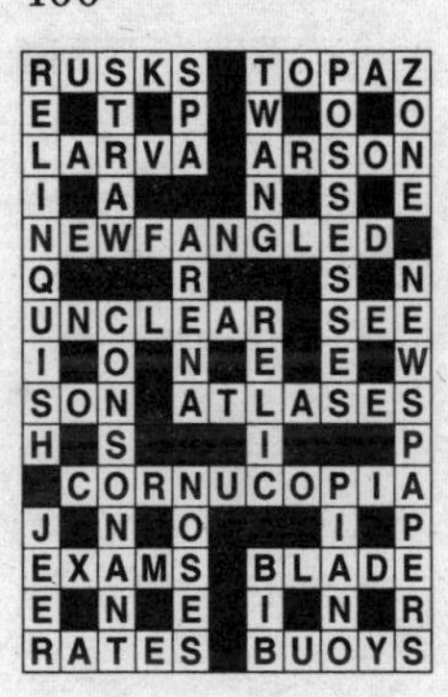

101

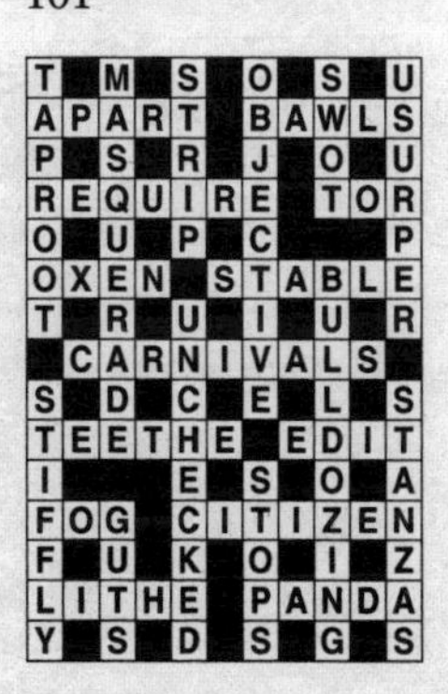

102

103

104

	T		S		U		H		J	
Q	U	A	L	M	S		Y	E	A	R
	R		E		U		B		I	
O	N	C	E		R	A	R	E	L	Y
			V		P		I		B	
J	E	W	E	L	S		D	A	I	S
	X								R	
Z	E	S	T		F	L	O	O	D	S
	R		H		L		R			
S	T	R	A	T	A		P	U	N	K
	I		N		G		H		O	
C	O	O	K		O	P	A	Q	U	E
	N		S		N		N		N	

105

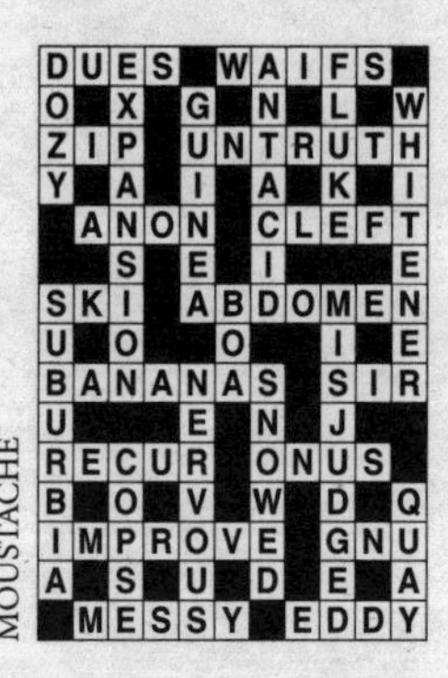

MOUSTACHE

106

107

108

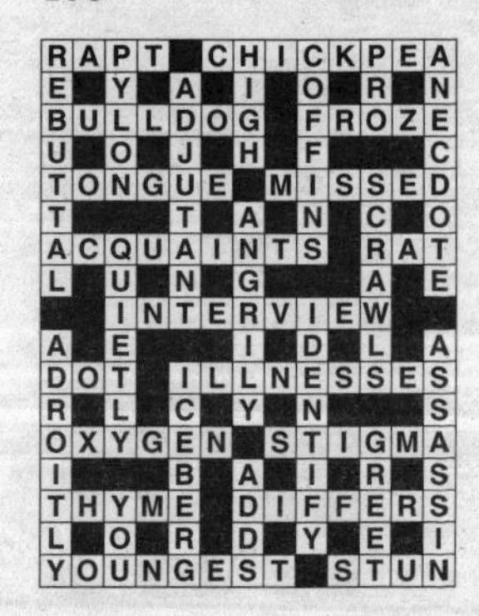

109

CLAPTRAP BABY
I R O R U U
IMPORT OFFEND
E J S D F G
LAZES RUNAWAY
D C H C L L
RESTRICT OBOE
O N I W
VEERED VANISH
X Q I E
STOP UNTOWARD
R I A Y S E
VERGERS PADDY
M S T I G U
HECKLE DRENCH
L I R O N E
HYMN SOLITUDE

110

COCKATOO SAPS
R E U R Q E
KIOSKS BLURRY
G T K I I S
FAIRS STARDOM
M E C M N
KILLJOYS IONS
A B N N E
KOWTOW ANGELS
V R E R A
GENE BOLLARDS
R A S B E
LEISURE VALVE
X U O Q N A
HEARTY UNDULY
R E A I O U
STIR LOZENGES

111

112

NORTHEAST

113

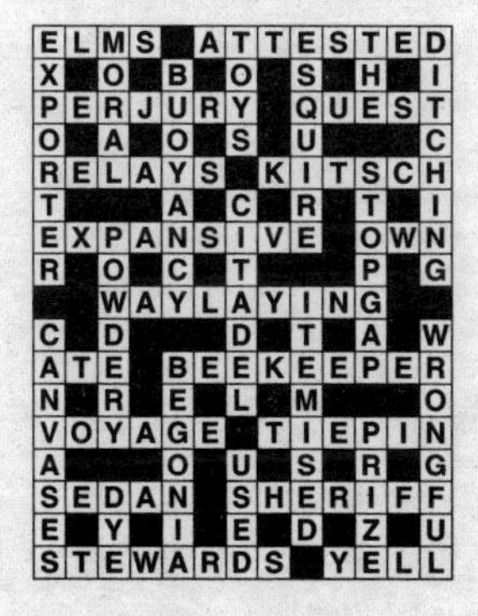

114

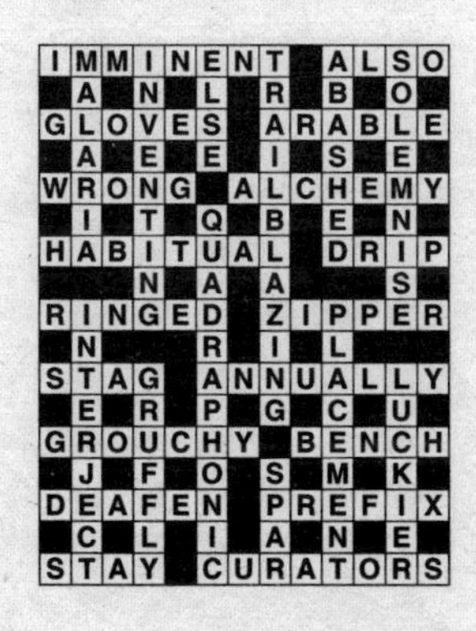

115

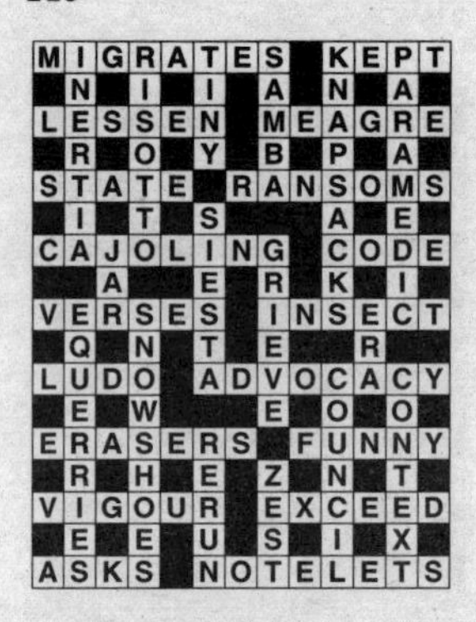

116

M	I	S	T		K	I	T		I	C	E	D
E			H	E	N		R	E	V			E
A	J	A	R		I		I		O	O	Z	E
N			O	U	T	D	O	O	R			M
T	H	A	W			R			Y	A	P	S
		B		A	F	O	O	T		C		
P	O	S	E	D		W		R	U	R	A	L
S		C		D	E	N	S	E		O		U
A	G	O		R				S		B	U	N
L		N		E	X	E	R	T		A		C
M	O	D	E	S		Q		L	A	T	C	H
		E		S	P	U	M	E		I		
B	U	D	S			A			S	C	A	N
U			T	A	B	L	E	A	U			E
M	E	N	U		O		D		P	I	L	E
P			F	L	Y		D	U	E			D
S	U	R	F		S	H	Y		R	U	B	Y

117

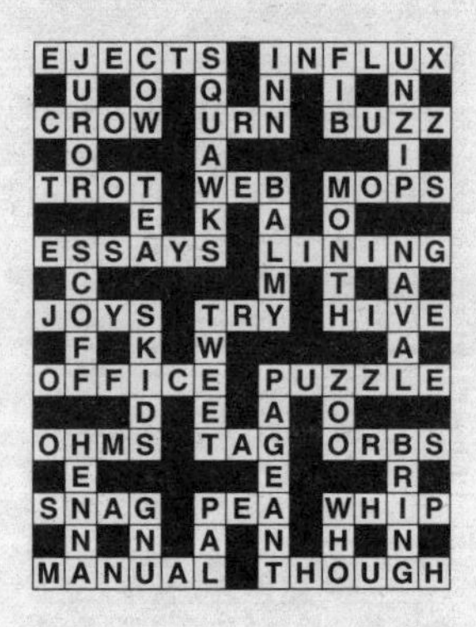

118

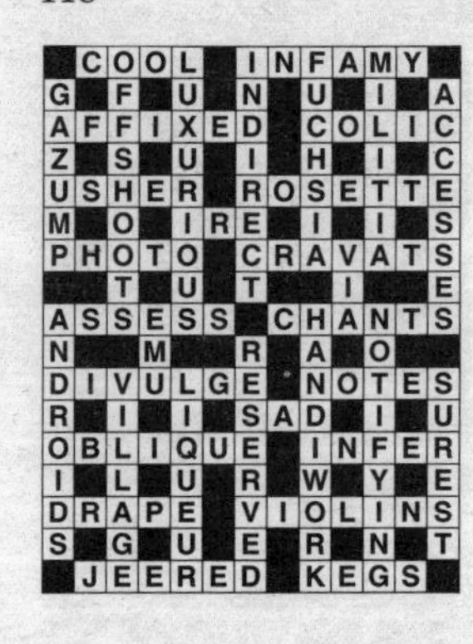

119

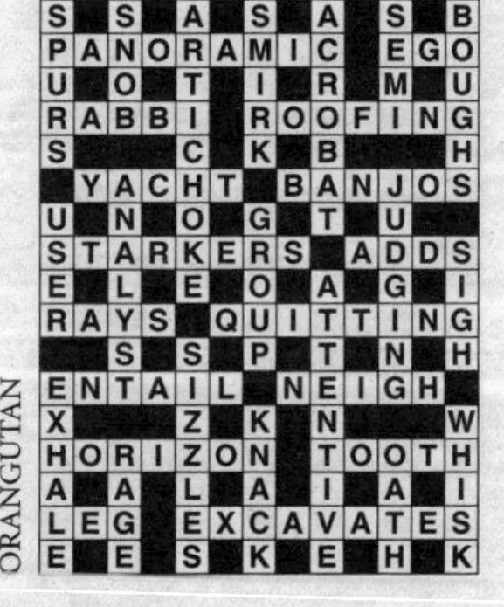

120

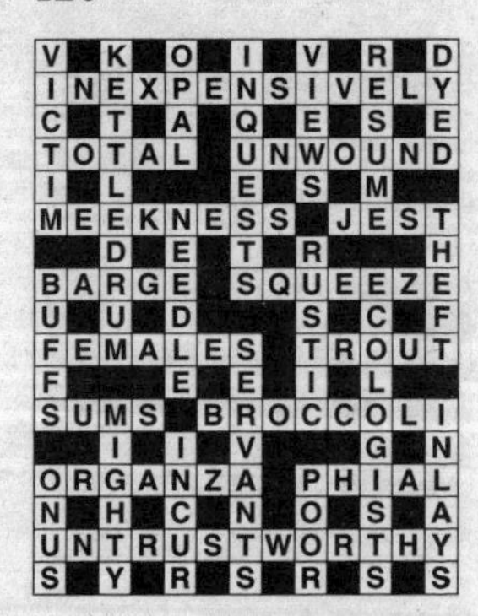

121

T	R	E	S	T	L	E	S		I	D	E	A
O		L		O		S				I		I
B	O	O	K	L	E	T	S		T	S	A	R
O		P		L		E		Q		G		E
G	L	E	E		R	E	Q	U	I	R	E	D
G				N		M		A		U		
A	S	I	D	E	S			R	I	N	S	E
N		N		W	A	I	S	T		T		X
I	O	T	A		G		P		P	L	O	P
N		R		Y	O	K	E	D		E		R
G	L	A	Z	E			D	R	U	D	G	E
		C		A		D		Y				S
I	N	T	E	R	V	A	L		J	A	W	S
D		A		N		H		I		U		I
L	O	B	S		F	L	A	M	I	N	G	O
E		L				I		P		T		N
D	A	Y	S		B	A	S	S	I	S	T	S

122

S	M	I	T	H	Y		F	R	I	Z	Z	Y
	O		W		E		U		N		O	
A	P	S	E		W	I	N		P	L	O	D
			E						U		L	
E	V	A	D	E	S		M	U	T	T	O	N
	O				N		U				G	
S	W	I	R	L	I	N	G		S	A	Y	S
	E		O		P		S		K			
F	L	O	U	R				W	I	S	P	S
			N		M		N		R		A	
F	E	E	D		A	Q	U	A	T	I	C	S
	X				N		M				E	
A	P	A	T	H	Y		B	R	A	N	D	S
	L		A						C			
C	O	A	X		T	I	P		T	O	O	L
	R		E		O		I		O		A	
J	E	R	S	E	Y		P	U	R	I	F	Y

123

S	H	E	E	P	I	S	H		S	T	O	W
O		M		O		Q				A		A
L	A	B	U	R	N	U	M		O	X	E	N
I		E		T		I		C		I		E
D	U	D	S		U	N	L	E	A	D	E	D
I				J		T		L		E		
F	A	C	I	A	L			L	U	R	C	H
Y		O		B	A	N	J	O		M		A
I	N	N	S		R		O		F	I	Z	Z
N		V		S	K	U	L	L		S		A
G	E	E	S	E			T	A	R	T	A	R
		N		I		S		B				D
Q	U	I	Z	Z	I	N	G		H	A	L	O
U		E		E		E		E		L		U
I	O	N	S		D	E	P	U	T	I	E	S
P		C				Z		R		B		L
S	H	E	D		D	E	T	O	X	I	F	Y

124

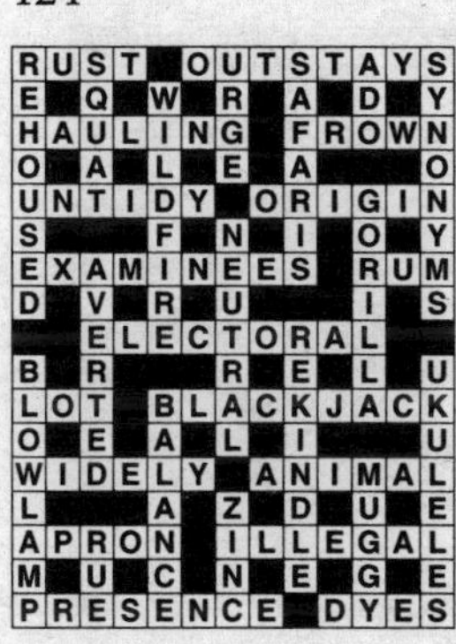

125

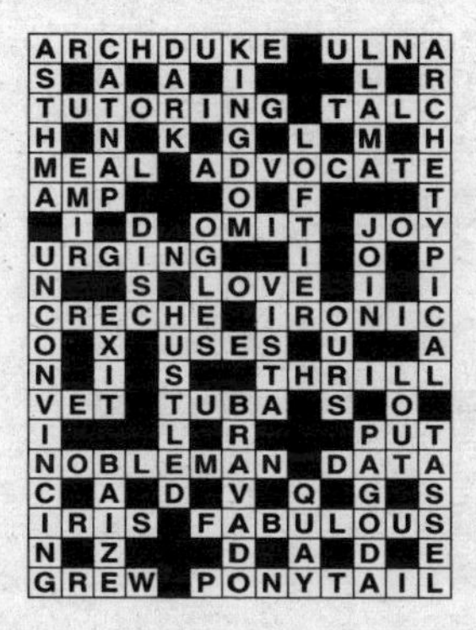

126

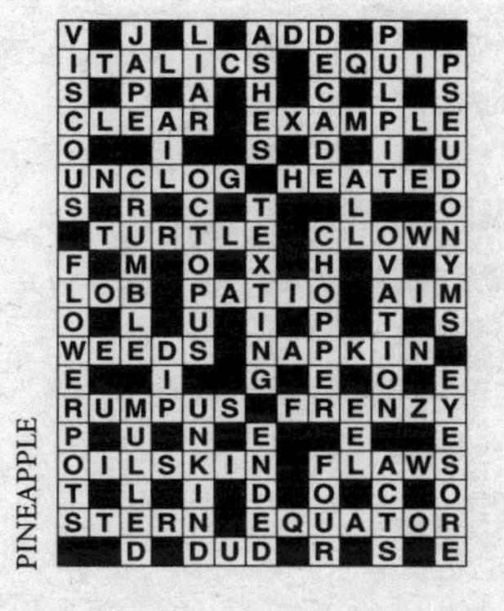

127

A	R	O	M	A		W	E	B	B	E	D	
Q		C		T		I		R		V		I
U	S	E		H	A	P	H	A	Z	A	R	D
A		A		L		E		V		S		O
T	I	N	G	E	S		J	O	V	I	A	L
I				T		D				V		
C	H	A	L	I	C	E		F	R	E	S	H
		B		C		F		I				I
A	C	H	E		T	E	X	T	B	O	O	K
L		O		P		N		S		P		E
B	U	R	G	U	N	D	Y		M	E	S	S
U				R		E		U		R		
M	A	J	O	R		R	A	N	S	A	C	K
		A				S		W				I
E	X	C	E	P	T		B	O	T	T	O	M
W		K		E		L		R		U		O
E	X	P	E	C	T	A	N	T		N	U	N
S		O		A		V		H		E		O
	S	T	A	N	Z	A		Y	A	R	D	S

128

S	P	I	N	A	C	H			B		M	
	O		I		O		B	R	U	T	A	L
G	L	U	T	E	N		A		L		N	
	K				F	I	N	A	L	I	T	Y
S	A	G	A		R		D		D		R	
A			B	O	O	T	S		O	V	A	L
G	A	R	B		N		T		Z			A
	P		O		T	R	A	V	E	S	T	Y
F	L	A	T	S			N		S		H	
	O				A	I	D				R	
	M		R		C			S	Q	U	I	B
O	B	J	E	C	T	E	D		U		V	
D			F		I		O		A	X	E	S
D	O	D	O		V	O	W	E	D			U
	N		R		I		N		S	E	W	N
G	L	I	M	P	S	E	S				I	
	I		E		T		I	N	F	U	S	E
S	N	O	R	E	S		Z		L		E	
	E		S			R	E	Q	U	I	R	E

129

		A	D	J	E	C	T	I	V	E		
	L		E		A		O		I		G	
M	I	N	C	E	R		W	A	R	M	L	Y
	Q		E		T				U		U	
R	U	M	P		H	O	O	D	L	U	M	S
	O		T		Y		U		E			
F	R	U	I	T		S	T	A	N	Z	A	S
			O		P		D		C		L	
S	C	E	N	A	R	I	O		E	V	I	L
	O				O		O				K	
T	R	U	E		H	A	R	A	S	S	E	S
	A		X		I		S		Q			
P	L	A	C	E	B	O		T	U	B	B	Y
			U		I		B		A		U	
C	A	S	S	E	T	T	E		D	I	L	L
	W		A				L		R		G	
C	A	R	B	O	N		I	R	O	N	E	D
	Y		L		I		E		N		S	
		J	E	L	L	Y	F	I	S	H		

130

S	U	D	D	E	N		S	H	A	D	O	W
U		R		M				O		I		R
C	H	E	Q	U	E		M	U	E	S	L	I
C		A		S	M	E	A	R		C		N
U	N	D	O		B		S		C	O	R	K
M			T		A	P	T		A			L
B	A	R	T	E	R		I	G	N	I	T	E
	D		E		G		F		A		H	
A	J	A	R		O	F	F		L	O	W	S
	O					O					A	
Q	U	I	T		P	E	W		P	I	C	K
	R		U		E		A		I		K	
S	N	O	R	E	R		I	M	P	O	S	E
C			N		P	O	T		E			X
H	A	M	S		L		I		S	O	A	P
I		A		B	E	I	N	G		Z		R
S	Y	N	T	A	X		G	R	O	O	V	E
M		G		L				I		N		S
S	C	O	W	L	S		S	T	E	E	P	S

131

G	I	F	T		J	E	E	P		A	S	H
R		L		O		Y		U		V		A
O	V	E	R	D	U	E		F	R	I	Z	Z
T		S		D		S		F		A		A
E	T	H	N	I	C		O	Y	S	T	E	R
S				T		Q				O		D
Q	U	E	R	Y		U	N	D	E	R	G	O
U		L				I		R				U
E	N	D	E	M	I	C		A	X	L	E	S
		E		E		K		W		O		
T	I	R	E	D		S	U	N	R	O	O	F
O				I		A				K		L
U	N	C	H	A	I	N		E	N	S	U	E
C		U				D		X				X
H	A	R	D	L	Y		C	H	I	L	L	I
D		B		I		S		U		E		T
O	P	I	U	M		T	I	M	P	A	N	I
W		N		E		O		E		V		M
N	A	G		S	A	P	S		C	E	D	E

132

I	T	S	E	L	F		P	O	N	C	H	O
	O		N		R		I		U		O	
A	X	E	D		E	A	T		B	L	O	G
	I				E						K	
S	C	A	R		Z	I	P		B	U	S	Y
			E		E		A		L			
S	K	I	V	E	R		R	E	A	L	M	S
	I						T		N		A	
S	W	A	B		A	N	Y		D	R	I	P
	I		A		V						Z	
P	S	Y	C	H	E		U	N	I	S	E	X
			K		R		N		R			
O	N	U	S		T	H	E		K	I	C	K
	E						Q				O	
M	E	M	O		G	N	U		G	U	N	S
	D		A		A		A		I		G	
U	S	U	R	P	S		L	O	G	J	A	M

133

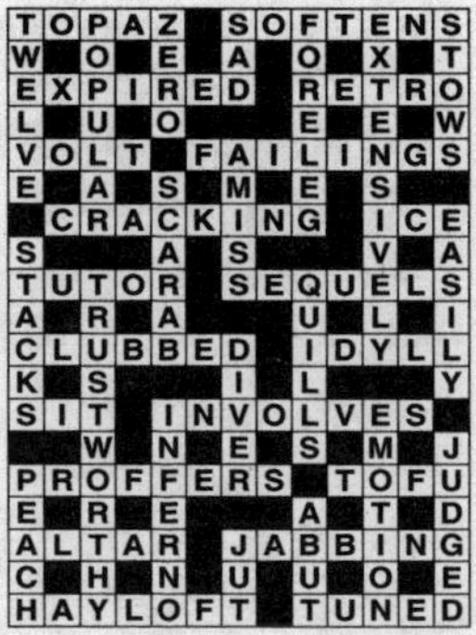

TOPAZ SOFTENS
W O E A O X T
EXPIRED RETRO
L U O E E W
VOLT FAILINGS
E A S M E S
CRACKING ICE
S A S V A
TUTOR SEQUELS
A R A U L I
CLUBBED IDYLL
K S I L Y
SIT INVOLVES
W N E S M J
PROFFERS TOFU
E R E A T D
ALTAR JABBING
C H N U U O E
HAYLOFT TUNED

QUICKSAND

134

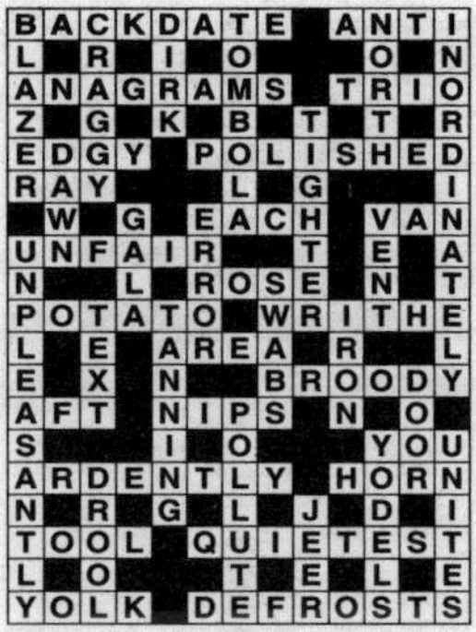

BACKDATE ANTI
L R I O O N
ANAGRAMS TRIO
Z G K B T T R
EDGY POLISHED
RAY L G I
W G EACH VAN
UNFAIR T E A
N L ROSE N T
POTATO WRITHE
L E AREA R L
E X N BROODY
AFT NIPS N O
S I O YOU
ARDENTLY HORN
N R G L J D I
TOOL QUIETEST
L O T E L E
YOLK DEFROSTS

135

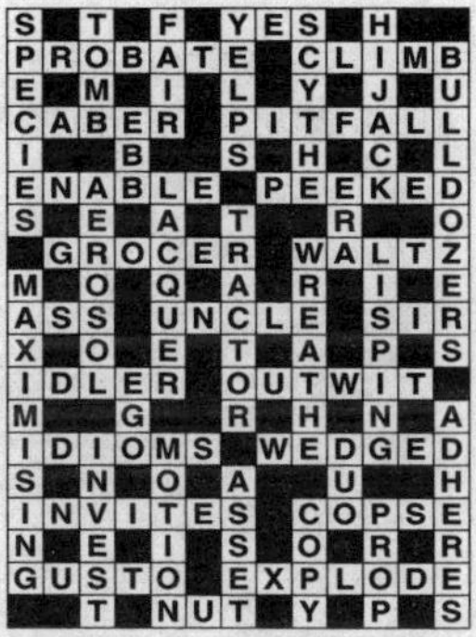

S T F YES H
PROBATE CLIMB
E M I L Y J U
CABER PITFALL
I B S H C L
ENABLE PEEKED
S E A T R O
GROCER WALTZ
M O Q A R I E
ASS UNCLE SIR
X O E T A P S
IDLER OUTWIT
M G R H N A
IDIOMS WEDGED
S N O A U H
INVITES COPSE
N E I S O R R
GUSTO EXPLODE
T NUT Y P S

136

MURAL SWEARS
I O I W N E U
DRY FLAPJACKS
R A E N O A E
INLETS EYELID
F I E L
FLUMMOX GUSTY
N E P O O
ARTY REVOLTED
M I B R D O E
ADEQUATE OPAL
Z T I H I
EJECT STOICAL
X E N O
ROCKET SEWING
I U L S Y N B
MISQUOTED AGO
S E D U E N O
ADVERB WHELK

137

PLATEAU E L
A O V SUMMER
GROTTO H B S
V CHAPLAIN
TALC A D A O
U RODEO ZINC
BEAU O W O O
N M SLIMNESS
SLOBS N S Q
I JUG U
S S U AFFIX
ETCHINGS I B
L R C I FUSS
KIWI TEMPT I
T E I U YARN
BANKROLL O
L I N ALLOWS
GIANTS T E E
C G TEXTURE

138

OSTEOPATH
B T L U O S
JARRED POWDER
Z O E N M
MAIN SWIMSUIT
A G T N F
CRIBS SCHOOLS
O D I L I
INEXPERT KITE
U S I H
IDOL TUNGSTEN
G A R G A
REACTOR ULCER
Q Y A V X
BEQUESTS APPS
T E S G E
SCORNS ICICLE
H E P S N S
ADVANTAGE

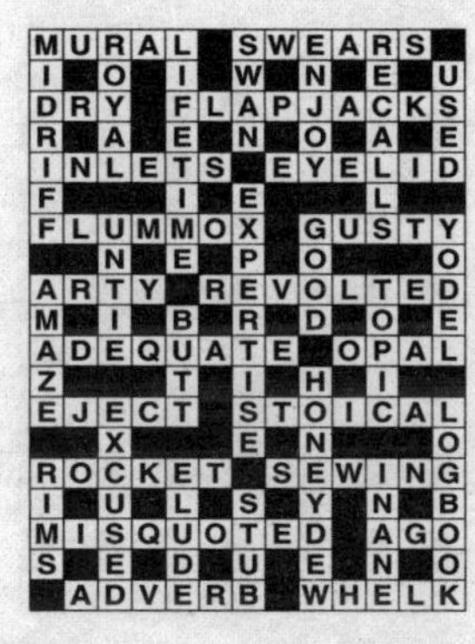

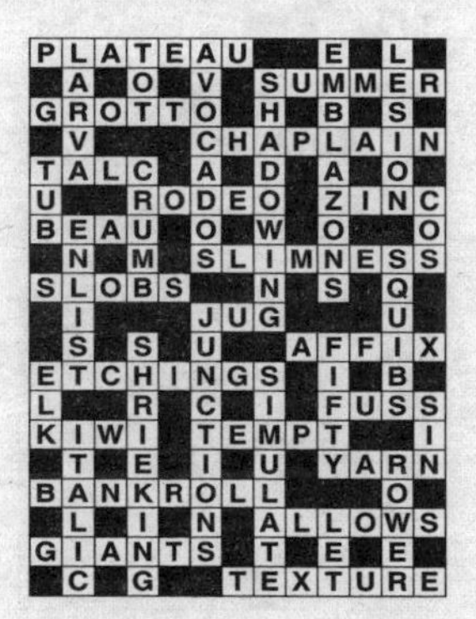

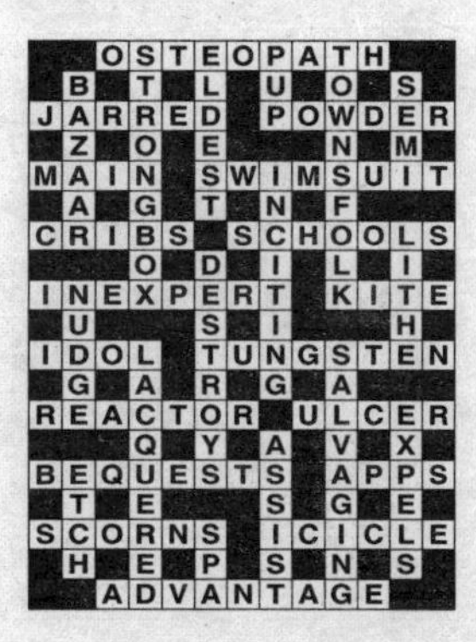

139

R	E	F	U	G	E		P	R	E	F	E	R
E		L		L				A		U		E
P	L	A	Q	U	E		S	I	G	N	A	L
R		P		E	X	T	O	L		G		A
O	U	S	T		C		M		J	I	N	X
O			I		I	R	E		E			E
F	U	D	G	E	S		H	O	R	R	I	D
	N		E		E		O		K		N	
S	T	I	R		D	E	W		S	A	S	H
	R					M					U	
Q	U	I	Z		B	U	Y		P	A	L	M
	T		O		A		A		I		A	
C	H	I	N	T	Z		W	I	Z	A	R	D
H			E		O	W	N		Z			R
A	R	T	S		O		I		A	R	I	A
P		R		S	K	U	N	K		H		U
P	L	A	S	M	A		G	I	V	I	N	G
E		W		U				T		N		H
D	E	L	U	G	E		E	S	C	O	R	T

140

RESIDENCE

M	O	P	S		L	A	Z	E		E	L	F
I		O		G		C		S		Y		E
S	Q	U	E	L	C	H		S	W	E	A	R
I		N		A		E		A		B		M
N	U	D	I	S	M		G	Y	R	A	T	E
F				S		I				L		N
O	D	D	L	Y		N	O	T	E	L	E	T
R		O				A		A				E
M	I	N	I	C	A	B		L	I	V	I	D
		O		U		I		L		O		
P	U	R	E	R		L	A	Y	E	T	T	E
A				I		I				E		X
W	O	R	K	O	U	T		S	P	R	A	T
N		U				Y		C				R
S	U	N	D	R	Y		M	O	S	Q	U	E
H		D		U		A		U		U		M
O	B	O	E	S		T	E	R	M	I	N	I
P		W		T		O		S		T		S
S	O	N		Y	A	M	S		J	E	S	T

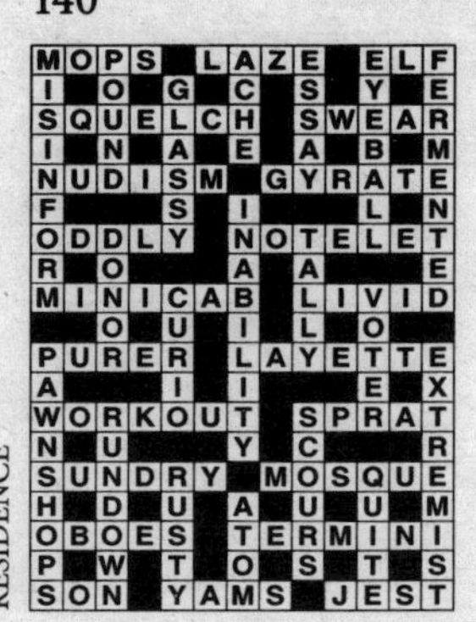

141

A	G	H	A	S	T		C	O	W	A	R	D
	R		C		R		O		H		A	
L	A	V	A	T	O	R	Y		A	I	D	E
	N		D		U		P		R		I	
E	D	G	E		S	N	U	F	F	B	O	X
	I		M		E						A	
P	L	A	Y	E	R		S	K	E	T	C	H
	O						A		J		T	
S	Q	U	A	D	R	O	N		E	P	I	C
	U		Z		O		C		C		V	
M	E	N	U		O	U	T	S	T	R	I	P
	N		R		M		U		O		T	
S	T	E	E	L	Y		M	A	R	T	Y	R

142

M	A	Z	U	R	K	A		B	E	S	O	M
O		O		U		M	O	O		T		A
I	N	D	U	L	G	E		B	R	I	A	R
S		I		E		N	A	B		F		Q
T	H	A	T		M			I	L	L		U
		C	I	T	I	Z	E	N		E	Y	E
S			N		N		D		C			E
A	D	O		V	I	C	I	O	U	S		
W		B	O	O			T		R	O	O	F
M		J		R	U	B		C		R		O
I	N	E	R	T		A	S	H	T	R	A	Y
L		C		E	L	L		A		O		E
L	A	T	E	X		E	M	P	O	W	E	R

143

R	O	B	O	T		C	O	N	F	I	R	M
E		U		A		O		O		L		I
P	E	R	J	U	R	Y		W	A	K	E	N
U		L		N				H				U
T	W	E	E	T	E	R		E	X	A	L	T
E		S				E		R		C		E
	E	Q	U	I	V	A	L	E	N	C	E	
O		U		D		L				O		G
B	E	E	F	Y		M	A	L	A	R	I	A
L				L				A		D		Z
I	D	E	A	L		D	I	S	E	A	S	E
G		R		I		U		S		N		B
E	A	R	A	C	H	E		O	U	T	D	O

144

P	R	O	J	E	C	T		C	R	I	C	K
	E		O		R		P		I		O	
B	A	M	B	O	O	Z	L	E	M	E	N	T
	D		S		O		A				V	
R	E	A	W	A	K	E	N		T	R	E	K
	R		O				E		H		X	
		F	R	I	G	H	T	F	U	L		
	Q		T		A				M		C	
H	U	S	H		L	I	F	E	B	O	A	T
	I				L		A		N		L	
U	N	E	N	F	O	R	C	E	A	B	L	E
	C		O		N		E		I		U	
N	E	E	D	Y		S	T	Y	L	I	S	H

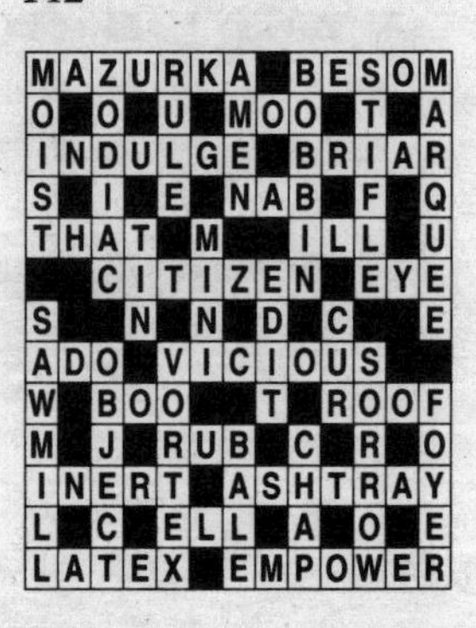

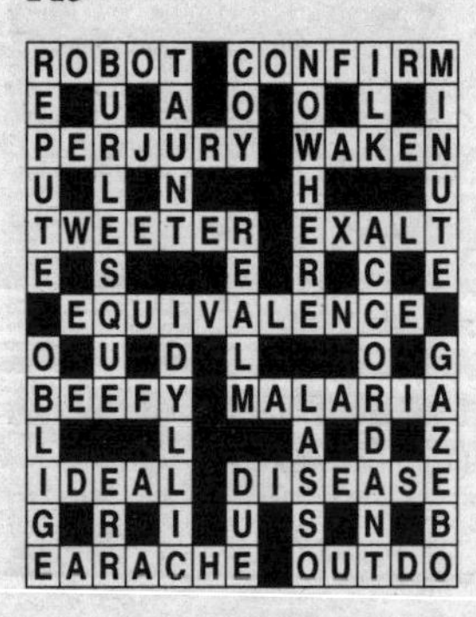

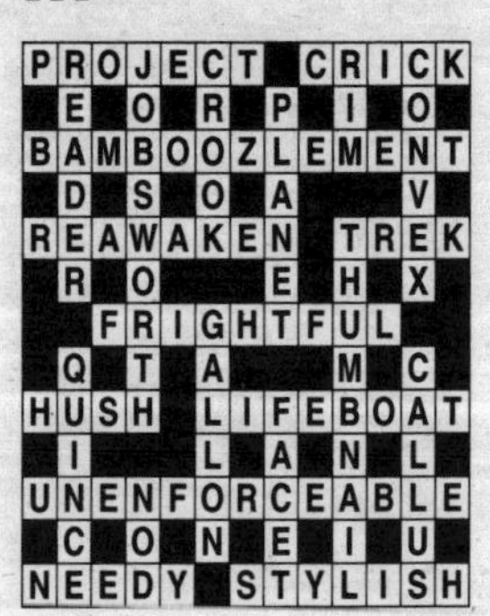

145

A	■	P	■	S	■	S	■	P	■	I	■	I
C	H	U	N	K	■	A	B	A	N	D	O	N
A	■	N	■	I	■	F	■	R	■	E	■	J
C	A	D	E	N	Z	A	■	O	R	A	T	E
I	■	I	■	■	■	R	■	X	■	■	■	C
A	N	T	I	Q	U	I	T	Y	■	T	A	T
■	■	R	■	U	■	■	■	S	■	U	■	■
P	L	Y	■	E	S	T	I	M	A	T	O	R
R	■	■	■	S	■	I	■	■	■	E	■	E
E	X	I	S	T	■	R	E	S	O	L	V	E
T	■	R	■	I	■	A	■	P	■	A	■	F
T	W	O	F	O	L	D	■	I	N	G	L	E
Y	■	N	■	N	■	E	■	V	■	E	■	R

146

■	O	F	F	E	N	C	E	■	A	J	A	R
T	■	L	■	X	■	E	■	C	■	O	■	O
W	H	O	P	P	E	R	■	H	A	B	I	T
I	■	R	■	A	■	I	■	E	■	L	■	E
D	R	A	I	N	■	S	E	Q	U	E	L	■
D	■	■	■	S	■	E	■	U	■	S	■	P
L	I	M	P	I	D	■	S	E	N	S	O	R
Y	■	A	■	O	■	W	■	R	■	■	■	E
■	T	W	I	N	G	E	■	B	O	A	S	T
G	■	K	■	I	■	I	■	O	■	V	■	Z
A	L	I	A	S	■	G	R	A	N	I	T	E
W	■	S	■	M	■	H	■	R	■	A	■	L
K	O	H	L	■	S	T	U	D	E	N	T	■

147

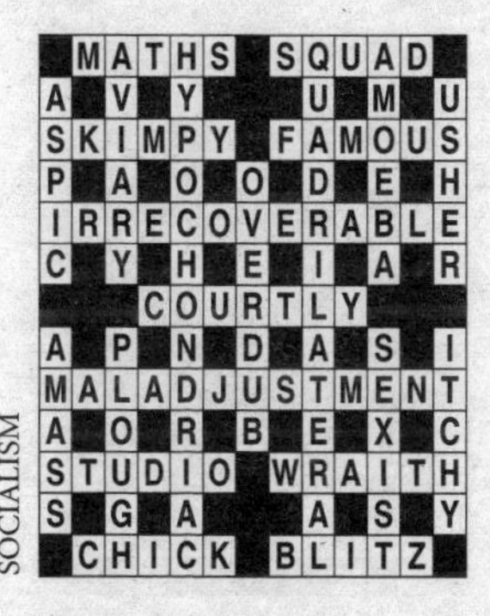

SOCIALISM

148

149

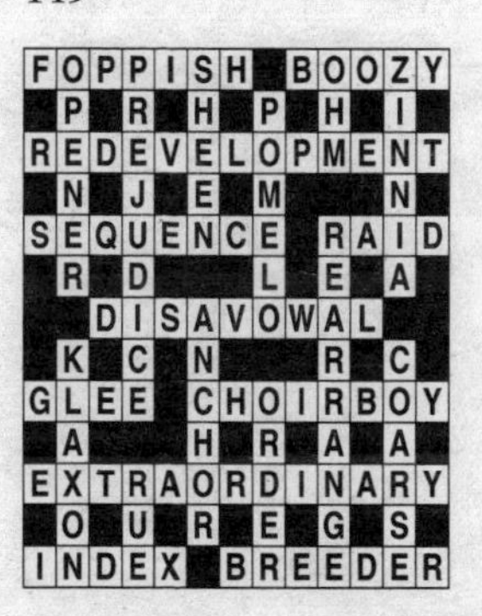

150

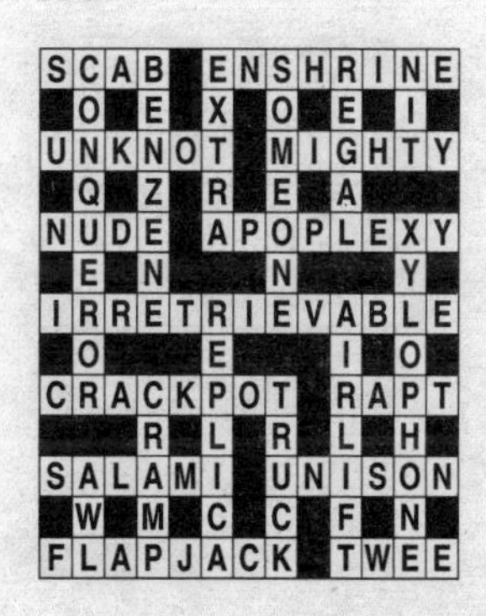

151

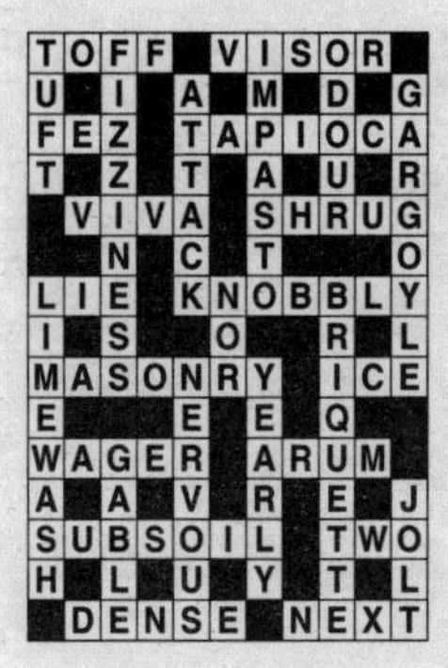

152

153

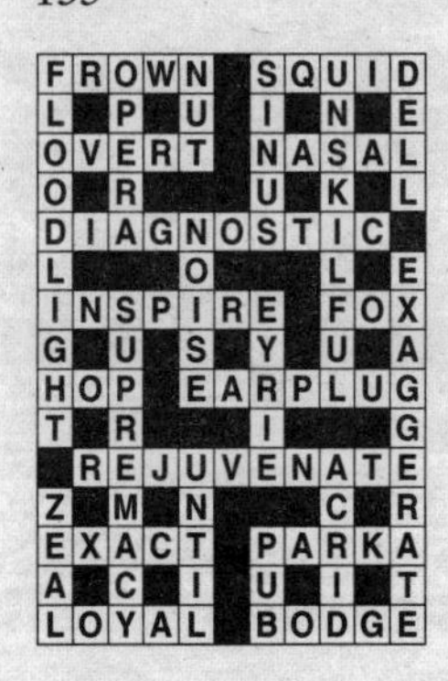

154

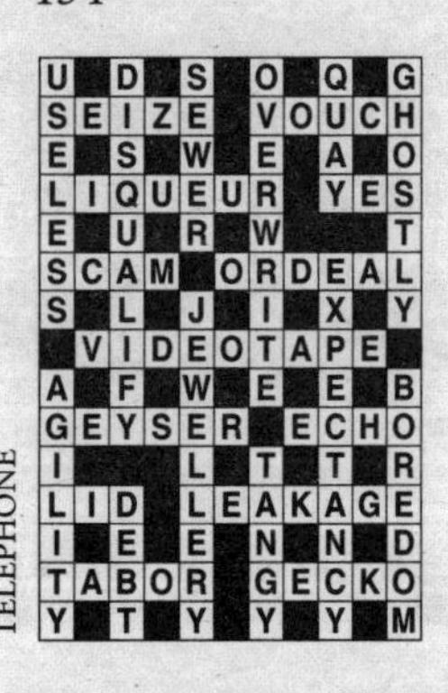

155

156

157

158

159

160

161

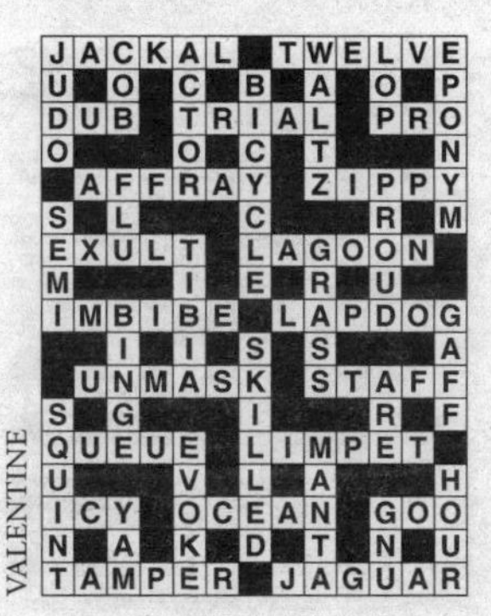

162

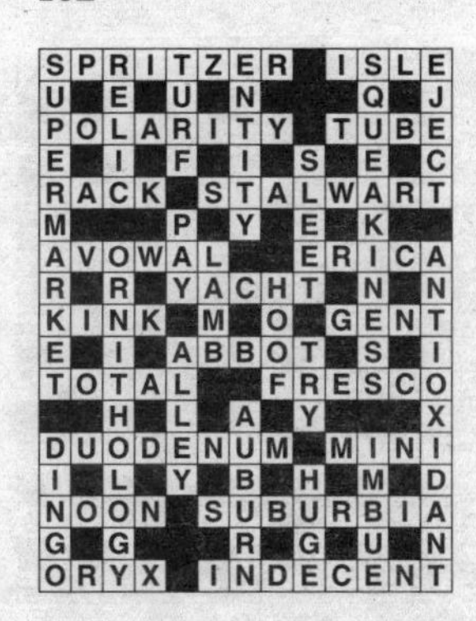

163

E	A	S	E		C	O	N	J	U	G	A	L
S		K		B		N		O		A		O
P	R	I	M	A	C	Y		U	R	B	A	N
O		F		S		X		R				G
U	N	F	A	I	R		E	N	T	O	M	B
S				L		A		A		R		O
A	C	Q	U	I	T	T	A	L		B	O	A
L		U		C		H				I		T
		A	M	A	Z	E	M	E	N	T		
F		R				I		M		A		G
O	P	T		D	I	S	T	I	L	L	E	R
O		E		E		M		S				I
T	H	R	U	S	T		E	S	T	A	T	E
W				P		A		I		X		V
O	K	A	P	I		P	R	O	V	I	S	O
R		D		S		S		N		A		U
K	E	D	G	E	R	E	E		P	L	U	S

164

A	I	R	S	T	R	I	P		A	M	E	N
	N		O		E		R		B		D	
S	T	Y	M	I	E		O	X	A	L	I	S
	E		E		F		D		S		T	
S	N	O	W	Y		C	U	S	H	I	O	N
	S		H		M		C		E		R	
R	E	L	E	V	A	N	T		D	R	I	P
			R		N		I				A	
G	A	T	E	A	U		V	I	R	I	L	E
	M				F		I		E			
Q	U	I	D		A	N	T	E	A	T	E	R
	S		E		C		Y		D		X	
K	E	Y	N	O	T	E		A	D	A	P	T
	M		I		U		J		R		O	
G	E	E	Z	E	R		O	B	E	L	U	S
	N		E		E		I		S		N	
S	T	U	N		R	I	N	G	S	I	D	E

165

166

167

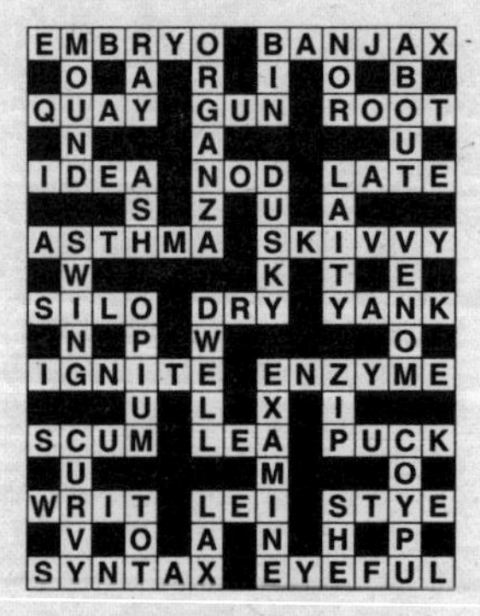

168

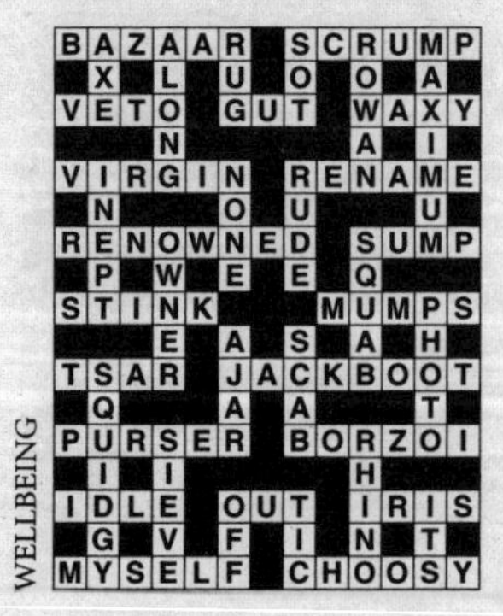

169

P		E		D		S		S		T		P
S	I	X	T	E	E	N	T	H		A	I	L
A		I		F		A		A		L		A
L	A	T	H	E		K	I	T	S	C	H	Y
M				N		E		T				E
	S	P	A	D	E		F	E	N	D	E	R
E		L		A		A		R		O		
S	M	U	G	N	E	S	S		O	G	R	E
P		N		T		S		C		W		V
Y	O	G	A		M	A	C	A	R	O	N	I
		E		E		Y		F		O		L
U	N	R	E	S	T		T	E	D	D	Y	
N				Q		G		T				M
J	O	N	Q	U	I	L		I	G	L	O	O
U		O		I		A		E		O		U
S	I	R		R	A	Z	O	R	B	I	L	L
T		M		E		E		E		N		D

170

S		U		P		N		I		L		A
C	O	N	S	E	Q	U	E	N	T	I	A	L
H		D		S		M		A		B		O
I	N	E	R	T		B	E	N	Z	I	N	E
S		R				N		E		D		
M	I	S	C	H	I	E	F		J	O	K	E
		C		E		S		E				N
S	C	O	U	R		S	A	N	D	P	I	T
O		R		B				C		O		E
P	R	E	F	A	C	E		A	I	R	E	R
P				L		N		M		T		
Y	A	R	N		A	T	Y	P	I	C	A	L
		A		W		A				U		A
C	A	R	R	I	O	N		P	H	L	O	X
O		I		N		G		O		L		I
V	I	T	I	C	U	L	T	U	R	I	S	T
E		Y		H		E		T		S		Y

171

A	B	R	A	S	I	O	N		V	E	N	D
I		O		U		U				X		I
R	I	G	I	D	I	T	Y		S	P	I	T
L		U		S		L		S		O		T
E	W	E	R		M	A	C	H	I	S	M	O
S				A		W		A		T		
S	E	A	N	C	E			D	E	U	C	E
N		C		T	A	N	S	Y		L		V
E	A	C	H		R		U		P	A	P	A
S		O		S	L	U	R	P		T		N
S	Q	U	A	T			F	R	E	E	Z	E
		N		O		A		Y				S
N	A	T	I	V	I	T	Y		L	A	I	C
A		A		E		T		E		R		E
D	E	B	T		J	U	N	C	T	I	O	N
I		L				N		H		S		C
R	E	E	K		K	E	R	O	S	E	N	E

172

Q	U	A	R	R	Y		J	O	J	O	B	A
	S		A		E		O		U		U	
H	E	R	B		S	O	B		L	A	Z	Y
			B						E		Z	
R	E	V	I	V	E		O	R	P	H	A	N
	N				D		A				R	
S	T	O	C	K	I	S	T		A	I	D	E
	R		L		T		H		G			
N	Y	L	O	N				B	L	U	F	F
			W		A		A		O		L	
K	E	E	N		C	O	X	S	W	A	I	N
	Q				R		I				C	
P	U	M	I	C	E		S	P	O	O	K	Y
	A		S						A			
I	B	I	S		H	U	G		S	U	S	S
	L		U		U		E		I		K	
R	E	J	E	C	T		M	I	S	F	I	T

173

U	P	H	E	A	V	A	L		J	E	E	R
N		I		L		U				X		I
E	X	C	I	T	I	N	G		S	C	U	T
L		K		O		T		T		O		Z
E	A	S	Y		D	I	S	A	R	R	A	Y
C				W		E		B		I		
T	O	U	C	A	N			B	R	A	S	S
A		N		R	U	D	D	Y		T		T
B	U	F	F		M		I		H	I	K	E
L		O		A	B	Y	S	S		O		E
E	N	R	O	L			C	A	T	N	A	P
		G		L		B		D				L
Q	U	I	X	O	T	I	C		M	I	T	E
U		V		Y		S		D		M		J
A	C	I	D		A	Q	U	A	F	A	B	A
S		N				U		Z		G		C
H	I	G	H		T	E	L	E	W	O	R	K

174

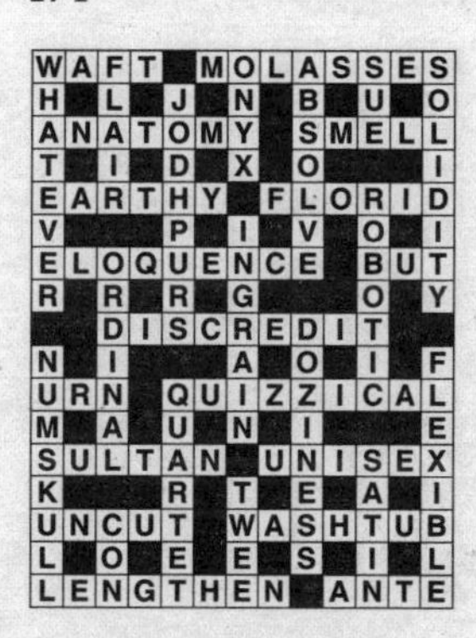

W	A	F	T		M	O	L	A	S	S	E	S
H		L		J		N		B		U		O
A	N	A	T	O	M	Y		S	M	E	L	L
T		I		D		X		O				I
E	A	R	T	H	Y		F	L	O	R	I	D
V				P		I		V		O		I
E	L	O	Q	U	E	N	C	E		B	U	T
R		R		R		G				O		Y
		D	I	S	C	R	E	D	I	T		
N		I				A		O		I		F
U	R	N		Q	U	I	Z	Z	I	C	A	L
M		A		U		N		I				E
S	U	L	T	A	N		U	N	I	S	E	X
K				R		T		E		A		I
U	N	C	U	T		W	A	S	H	T	U	B
L		O		E		E		S		I		L
L	E	N	G	T	H	E	N		A	N	T	E

175

YORKSHIRE

E	P	I	S	O	D	I	C		A	V	I	D
	I		K		U		L		B		R	
C	R	A	Y	O	N		I	N	D	O	O	R
	A		R		K		Q		O		N	
E	N	D	O	W		S	U	R	M	I	S	E
	H		C		R		I		E		M	
D	A	R	K	N	E	S	S		N	A	I	L
			E		A		H				T	
F	O	E	T	U	S		N	O	U	G	H	T
	R				S		E		N			
E	T	C	H		E	C	S	T	A	T	I	C
	H		O		S		S		B		M	
T	O	U	R	I	S	T		H	A	P	P	Y
	D		I		M		J		S		R	
N	O	Z	Z	L	E		E	T	H	N	I	C
	X		O		N		E		E		N	
C	Y	A	N		T	E	P	I	D	I	T	Y

176

I	S	O	T	O	N	I	C		A	P	S	E
	Q		U		I		L		B		E	
O	U	T	R	U	N		O	R	A	C	L	E
	E		B		E		U		S		E	
R	E	M	I	X		S	T	R	E	T	C	H
	Z		N		P				M		T	
J	E	W	E	L	L	E	R		E	P	I	C
		E			I		E		N		V	
W	O	B	B	L	E		L	E	T	T	E	R
	R		U		R		I			U		
D	I	L	L		S	A	V	A	N	N	A	H
	E		L				E		A		I	
S	N	A	F	F	L	E		S	T	O	R	K
	T		I		E		W		U		P	
R	E	G	G	A	E		H	O	R	R	O	R
	E		H		C		A		A		R	
G	R	I	T		H	U	M	I	L	I	T	Y

177

S	N	O	W		T	W	O		J	A	M	B
Q			O	U	R		C	O	O			O
U	S	E	R		U		H		U	N	D	O
I			D	I	G	R	E	S	S			S
B	A	B	Y			I			T	A	C	T
		U		M	A	N	I	A		B		
L	O	T	T	O		S		V	O	D	K	A
E		T		N	I	E	C	E		O		R
V	I	E		E				R		M	A	R
E		R		Y	U	C	C	A		I		A
R	I	F	L	E		H		G	U	N	G	Y
		L		D	R	O	N	E		A		
S	O	Y	A			R			F	L	A	W
P			B	A	N	D	E	A	U			I
I	N	T	O		E		V		D	O	W	N
L			V	E	X		E	R	G			D
L	A	Z	E		T	I	N		E	D	G	Y

178

H	I	C	C	U	P		S	I	G	N	A	L
	N		O		R		U		O		C	
S	C	U	D		O	H	M		D	O	O	M
	U				F						R	
U	R	G	E		A	L	B		S	A	N	D
			L		N		O		A			
W	A	F	F	L	E		O	P	I	A	T	E
	B						Z		N		E	
V	I	S	A		B	O	Y		T	I	M	E
	D		Z		E						P	
S	E	Q	U	I	N		U	N	H	O	O	K
			R		D		N		O			
J	A	D	E		Y	E	T		D	R	E	Y
	M						A				X	
D	A	T	A		M	I	X		I	O	T	A
	S		W		U		E		N		R	
A	S	Y	L	U	M		D	I	K	T	A	T

179

	K	I	S	S		E	X	C	I	T	E	
S		M		T		V		A		A		P
E	X	P	I	A	T	E		T	A	P	I	R
X		R		R		N		E		R		E
T	H	O	N	G		N	E	R	V	O	U	S
E		M		A	W	E		E		O		S
T	O	P	A	Z		S	T	R	A	T	U	M
		T		E		S			D			A
S	Q	U	A	R	E		V	I	O	L	I	N
H			I			G		N		E		
A	U	S	T	E	R	E		T	O	T	E	M
M		E		N		O	N	E		T		A
E	A	R	L	D	O	M		S	H	E	E	R
F		V		L		E		T		R		B
U	N	I	T	E		T	R	I	V	I	A	L
L		L		S		R		N		N		E
	J	E	R	S	E	Y		E	D	G	E	

180

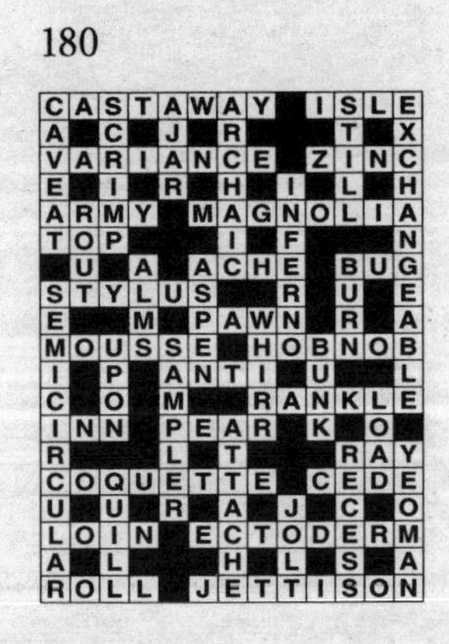

C	A	S	T	A	W	A	Y		I	S	L	E
A		C		J		R				T		X
V	A	R	I	A	N	C	E		Z	I	N	C
E		I		R		H		I		L		H
A	R	M	Y		M	A	G	N	O	L	I	A
T	O	P				I		F				N
	U		A		A	C	H	E		B	U	G
S	T	Y	L	U	S			R		U		E
E			M		P	A	W	N		R		A
M	O	U	S	S	E		H	O	B	N	O	B
I		P		A	N	T	I		U			L
C		O		M			R	A	N	K	L	E
I	N	N		P	E	A	R		K		O	
R				L		T				R	A	Y
C	O	Q	U	E	T	T	E		C	E	D	E
U		U		R		A		J		C		O
L	O	I	N		E	C	T	O	D	E	R	M
A		L				H		L		S		A
R	O	L	L		J	E	T	T	I	S	O	N

181

182

P	A	N	I	C		F	L	A	N	G	E	
Y		I		U		I		P		R		S
J	O	G		R	A	Z	O	R	B	A	C	K
A		H		R		Z		O		N		I
M	A	T	R	I	X		O	N	W	A	R	D
A				C		T				R		
S	Q	U	E	L	C	H		R	O	Y	A	L
		N		E		I		E				O
V	E	T	O		I	N	J	E	C	T	O	R
I		I		G		G		K		H		R
C	O	L	L	O	Q	U	Y		G	R	E	Y
A				R		M		W		O		
R	I	S	K	Y		M	A	I	L	B	A	G
		N				Y		N				L
F	L	I	M	S	Y		E	N	A	B	L	E
E		P		A		G		I		L		E
E	X	P	U	L	S	I	O	N		O	A	F
D		E		V		L		G		K		U
	S	T	R	O	L	L		S	T	E	E	L

LIBRARIAN

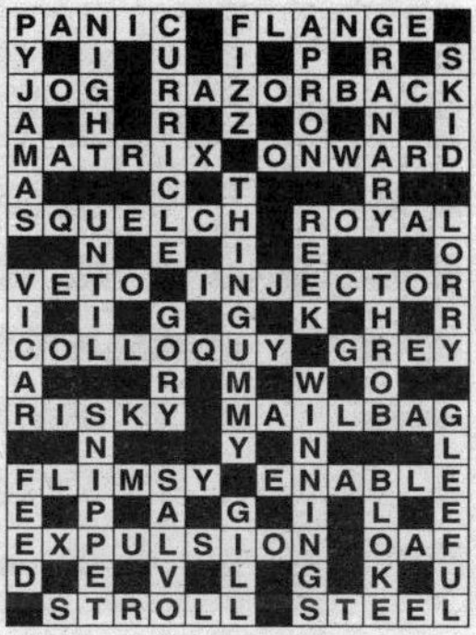

183

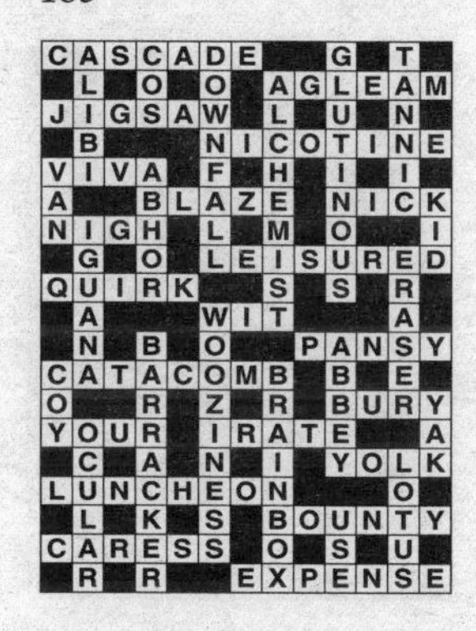

184

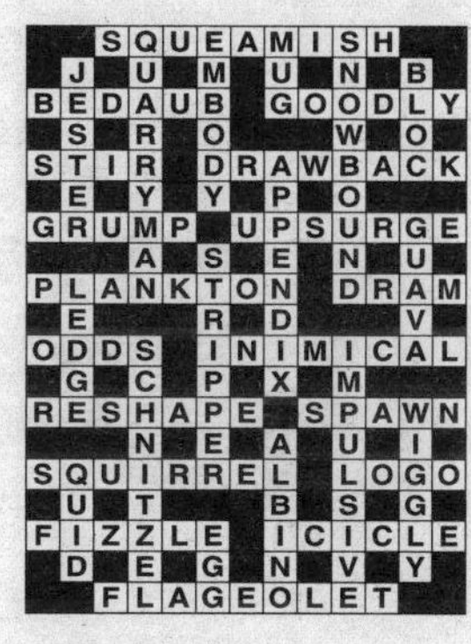

185

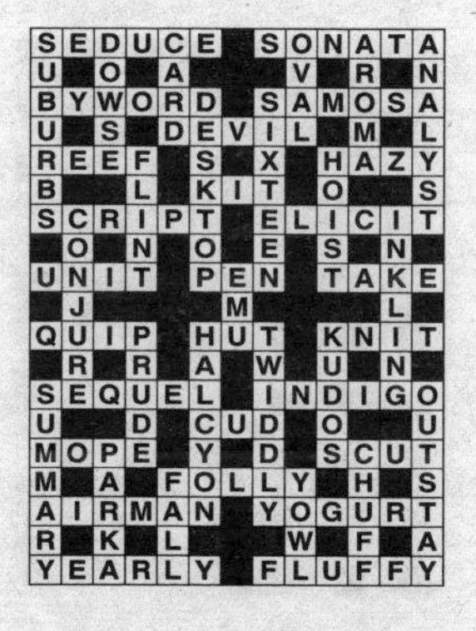

186

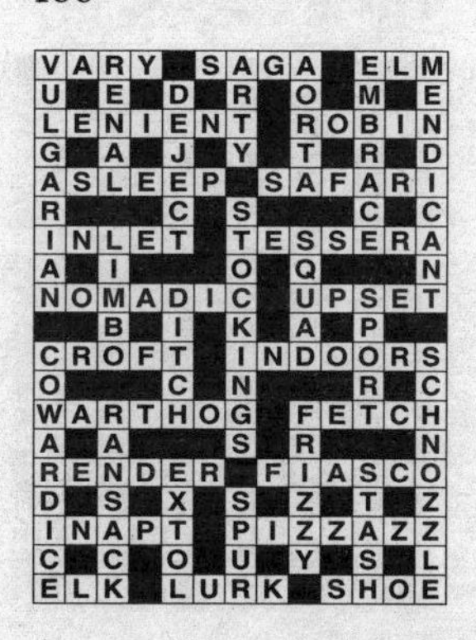

187

LACTIC GRITTY
M A I I T O
ABUT TUG SEXY
E I I
ORAL ZAP JACK
E E U U
ASSIGN FEDORA
W F G E
MESS PAY ETCH
A Y R A
BRONCO SWAMPY
O O Q L
AVID FLU LOTH
A A H
HUSK ELL FURY
N I R O O U
STANZA REGIME

188

FJORD INKWELL
L R A C N X U
OXIDISE OTTER
P G S B R I
PLAN SCABBARD
Y M G R L V
DIVINITY ASP
B F S G U
ONSET PIQUANT
R U E U N S
REMODEL ATTIC
O M E R H
WOE BEAUTIFY
R U R Z O B
MAHOGANY SPAR
O O A A P O
THUMB ZILLION
E S O O T S Z
TREMOLO OCHRE

189

DECISION PLUS
O A O R U U
TALENTED SCAB
I I G G S R J
NICE CASHMERE
GOO N E C
T S POOL EAT
CAMERA L X I
O M SKUA A V
LARIAT SCAMPI
L O BEAU B T
Y S S AGENCY
WRY COAL T O
O O N RUB
BADINAGE PAPA
B U D U Q C T
LIMP FLOURISH
E M A I A E
STYE GRIZZLER

KATHMANDU

190

C L Q CAM D
AZIMUTH IMAGE
V M I A M M L
ABBOT LEOPARD
L A K S S E
RUBRIC HANKER
Y E N I I B
UNISON BLAME
J E I N A L R
OFF GLITZ FOR
Y I H N O A Y
OCTET GOOGLY
U W S K F E
SLEETY GALAXY
N X H A A E
EMPRESS OXBOW
S E I I N E A
SONAR DUCHESS
D SHE E P H

191

MOCHA DEBUNK
A A C R O I O
ZIP QUADRATIC
U O U W A R H
RENTAL EXPOSE
K I S U
AGAINST POSSE
L T A U G
AXIS CRUSADER
W E S B S E E
FUNCTION OMIT
U A A W O
LUSTY RAINBOW
T D L A
INRUSH ODIOUS
B A W J N U T
EXPLETIVE TAR
X P L L S D E
EYELET STOOL

192

OCCLUDE M T
O O O ALIGHT
GROTTO X D R
G RAINDROP
DIVA K O L N
U MINIM EDGE
BLAB O A M E
A I BETRAYAL
UNITY I N C
D TIC T
A G R AFFIX
JUBILANT I O
U N V W LING
TRIO EXERT E
E R L E HURL
SCHMALTZ O
O O E ENMESH
LIQUOR R O I
L S ASTOUND

193

		A	B	D	U	C	T	I	O	N		
	S		L		P		U		W		D	
S	C	R	A	W	L		B	A	N	J	A	X
	A		C		I				E		W	
T	R	E	K		F	R	A	G	R	A	N	T
	C		J		T		N		L			
D	E	C	A	Y		S	T	E	E	P	E	N
			C		M		E		S		R	
R	O	C	K	F	A	L	L		S	K	I	T
	Z				T		O				C	
T	O	F	U		R	E	P	R	I	S	A	L
	N		N		O		E		N			
D	E	M	E	S	N	E		E	V	I	C	T
			X		L		T		I		R	
T	R	I	P	T	Y	C	H		D	I	A	L
	O		O				I		I		Z	
Q	U	A	S	A	R		R	I	O	T	E	R
	T		E		Y		S		U		D	
		A	D	V	E	R	T	I	S	E		

194

P	L	E	A	S	E		S	T	R	A	F	E
R		L		L				W		D		X
O	F	F	C	U	T		B	E	L	U	G	A
B		I		R	E	V	U	E		L		M
L	A	N	D		Q		R		S	T	E	P
E			I		U	R	N		H			L
M	U	E	S	L	I		O	P	A	Q	U	E
	N		H		L		U		V		T	
P	I	T	Y		A	P	T		E	D	I	T
	C					R					L	
G	O	L	F		L	O	W		H	A	I	R
	R		L		A		I		I		T	
I	N	F	O	R	M		Z	E	P	H	Y	R
M			C		P	I	E		P			E
P	A	C	K		O		N		O	P	U	S
E		A		J	O	K	E	R		R		T
T	A	R	T	A	N		D	I	M	I	T	Y
U		E		D				C		D		L
S	U	R	V	E	Y		W	H	E	E	Z	E

195

I	T	C	H		S	K	I	D		H	I	S
N		O		I		I		E		U		C
J	A	C	K	D	A	W		F	I	L	C	H
U		O		I		I		E		K		M
R	E	A	S	O	N		A	R	N	I	C	A
I				C		Q				N		L
O	V	A	R	Y		U	P	T	I	G	H	T
U		M				O		O				Z
S	U	B	T	E	X	T		P	R	O	X	Y
		L		L		A		I		N		
S	T	E	E	D		T	A	C	T	I	L	E
K				E		I				O		X
E	M	B	A	R	G	O		T	E	N	E	T
D		U				N		R				R
A	F	F	R	A	Y		J	E	J	U	N	E
D		F		B		A		N		N		M
D	R	A	M	A		J	A	C	U	Z	Z	I
L		L		T		A		H		I		S
E	G	O		E	U	R	O		S	P	O	T

196

FURNITURE

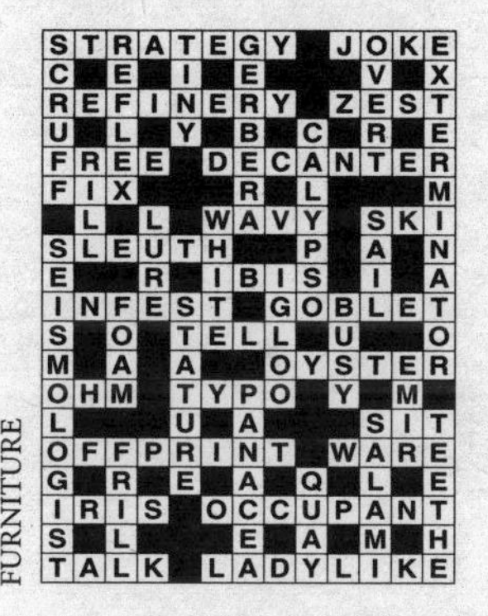

S	T	R	A	T	E	G	Y		J	O	K	E
C		E		I		E				V		X
R	E	F	I	N	E	R	Y		Z	E	S	T
U		L		Y		B		C		R		E
F	R	E	E		D	E	C	A	N	T	E	R
F	I	X				R		L				M
	L		L		W	A	V	Y		S	K	I
S	L	E	U	T	H			P		A		N
E			R		I	B	I	S		I		A
I	N	F	E	S	T		G	O	B	L	E	T
S		O		T	E	L	L		U			O
M		A		A			O	Y	S	T	E	R
O	H	M		T	Y	P	O		Y		M	
L				U		A				S	I	T
O	F	F	P	R	I	N	T		W	A	R	E
G		R		E		A		Q		L		E
I	R	I	S		O	C	C	U	P	A	N	T
S		L				E		A		M		H
T	A	L	K		L	A	D	Y	L	I	K	E

197

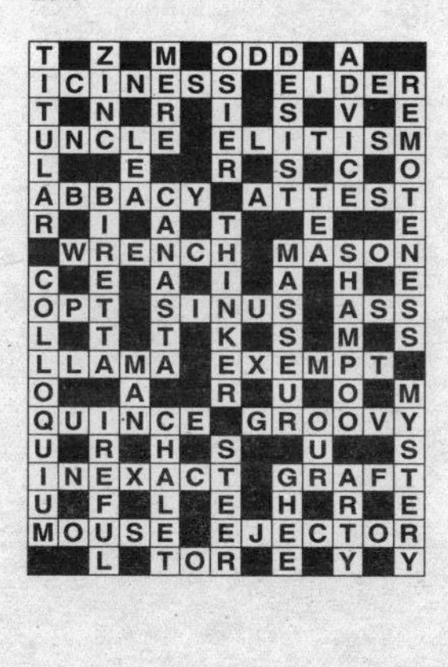

T		Z		M		O	D	D		A		
I	C	I	N	E	S	S		E	I	D	E	R
T		N		R		I		S		V		E
U	N	C	L	E		E	L	I	T	I	S	M
L			E			R		S		C		O
A	B	B	A	C	Y		A	T	T	E	S	T
R		I		A		T			E			E
	W	R	E	N	C	H		M	A	S	O	N
C		E		A		I		A		H		E
O	P	T		S	I	N	U	S		A	S	S
L		T		T		K		S		M		S
L	L	A	M	A		E	X	E	M	P	T	
O			A			R		U		O		M
Q	U	I	N	C	E		G	R	O	O	V	Y
U		R		H		S			U			S
I	N	E	X	A	C	T		G	R	A	F	T
U		F		L		E		H		R		E
M	O	U	S	E		E	J	E	C	T	O	R
		L		T	O	R		E		Y		Y

198

L	U	R	C	H		S	T	R	I	V	E	
E		O		I		O		O		A		K
G	O	D		J	U	R	Y	W	O	M	A	N
I		E		A		T		A		P		E
B	L	O	T	C	H		U	N	W	I	S	E
L				K		B				R		
E	X	T	R	E	M	E		P	R	E	E	N
		H		R		E		I				A
H	A	U	L		S	K	I	P	J	A	C	K
Y		M		T		E		E		V		E
E	X	P	O	R	T	E	R		G	I	L	D
N				E		P		C		A		
A	M	A	Z	E		E	T	H	A	N	O	L
		N				R		E				U
N	O	T	I	F	Y		A	C	R	O	S	S
U		I		R		F		K		P		T
L	I	Q	U	I	D	A	T	E		E	L	F
L		U		Z		I		R		R		U
	G	E	E	Z	E	R		S	H	A	L	L

199

S	C	R	U	N	C	H			A		F	
	O		S		O		M	I	N	N	O	W
W	Y	V	E	R	N		I		O		S	
	P				F	O	N	D	N	E	S	S
C	U	S	S		O		I		Y		I	
O			Y	O	U	R	S		M	U	L	L
S	C	A	R		N		K		O			E
	H		U		D	A	I	Q	U	I	R	I
Z	I	P	P	Y			R		S		E	
	L				J	O	T				G	
	L		P		O			S	C	R	A	P
S	I	Z	E	A	B	L	E		A		I	
P			D		S		X		D	U	N	K
A	R	E	A		W	I	E	L	D			I
	H		G		O		C		Y	E	L	P
D	E	V	O	U	R	E	R				A	
	U		G		T		A	F	F	I	R	M
A	M	B	U	S	H		T		A		V	
	Y		E			T	E	X	T	U	A	L

200

		F	R	I	V	O	L	I	T	Y		
	G		O		I		A		O		D	
B	A	Z	A	A	R		C	O	U	S	I	N
	Z		D		A				C		S	
D	U	M	B		G	R	A	P	H	I	C	S
	M		L		O		Q		D			
S	P	O	O	L		B	U	C	O	L	I	C
			C		H		E		W		N	
J	U	N	K	Y	A	R	D		N	I	C	K
	L				N		U				U	
S	C	U	T		D	E	C	R	E	A	S	E
	E		I		C		T		Q			
P	R	O	N	O	U	N		Q	U	A	I	L
			D		F		A		I		N	
P	O	W	E	R	F	U	L		P	U	F	F
	P		R				K		M		L	
J	E	R	B	O	A		A	V	E	N	U	E
	N		O		D		L		N		X	
		E	X	F	O	L	I	A	T	E		